A ARTE DE SOBREVIVER AO LO$$

É POSSÍVEL VIVER DE TRADING

+ DE 1.500 MENTORADOS COM 27 MESES DE LUCRO CONSISTENTE DE 3,5% AO MÊS

JACSSON SANTOS

A ARTE DE SOBREVIVER AO LO$$

É POSSÍVEL VIVER DE TRADING

PREFÁCIO CARLOS REIS

ALTA BOOKS
GRUPO EDITORIAL
Rio de Janeiro, 2025

A Arte de Sobreviver ao Loss

Alta Books é uma empresa do Grupo Editorial Alta Books (Starlin Alta Editora e Consultoria LTDA.)..

ISBN: 978-85-508-2664-6

Impresso no Brasil — 1ª Edição, 2025 — Edição revisada conforme o Acordo Ortográfico da Língua Portuguesa de 2009.

Dados Internacionais de Catalogação na Publicação (CIP)
(BENITEZ Catalogação Ass. Editorial, MS, Brasil)

S237a
1.ed. Santos, Jacsson
A arte de sobreviver ao Loss / Jacsson Santos. – 1.ed. – Rio de Janeiro : Alta Books, 2025.
176 p.; 15,7 x 23 cm.

ISBN 978-85-508-2664-6

1. Administração financeira. 2. Economia. 3. Finanças (Investimentos). 4. Gestão de negócios. 5. Mercado financeiro. I. Título.

04-2025/39 CDD 338.1

Índice para catálogo sistemático:
1. Loss : Mercado financeiro : Economia 338.1

Aline Graziele Benitez – Bibliotecária – CRB-1/3129

Grupo Editorial Alta Books

Produção Editorial: Grupo Editorial Alta Books
Diretor Editorial: Anderson Vieira
Editor da Obra: J. A. Ruggeri
Vendas Governamentais: Cristiane Mutüs
Gerência Comercial: Claudio Lima

Produtora Editorial: Ana Clara Tambasco
Editora Assistente: Rosana Lopes
Revisão: Lucas Lavisio
Diagramação: Dayane Germani
Capa: Viviane Halila

ALTA BOOKS
GRUPO EDITORIAL

Rua Viúva Cláudio, 291 — Bairro Industrial do Jacaré
CEP: 20.970-031 — Rio de Janeiro (RJ)
Tels.: (21) 3278-8069 / 3278-8419
www.altabooks.com.br — altabooks@altabooks.com.br
Ouvidoria: ouvidoria@altabooks.com.br

Editora **afiliada à:**
ASSOCIADO

Dedico este livro para a minha filha, Lolô, que determinou — acreditem! — ainda bebê o meu propósito.

À minha parceira de vida, sonhos e realizações — Letícia.

Ao meu filho, Jake, que me faz, incansavelmente, continuar sem direito a hesitar.

À minha mãe, Jocelia, pelo amor incondicional, uma leoa que sempre me protegeu de tudo e de todos.

Ao meu pai, Antônio, que conseguiu, à maneira dele, me ensinar que o dinheiro deve ser respeitado e economizado.

À minha irmã, Jackeline (Jack), que me enche de orgulho pela mulher que está se tornando e que despertou em mim a vontade de ser pai de menina, pelo espírito de proteção que sempre nutri por ela.

E à minha segunda família, meus mentorados atuais e futuros, que me obrigam a ser não somente um mentor e trader melhor, mas uma pessoa melhor, todos os dias, em todos os sentidos.

E, principalmente a todos que têm sede de aprender, compartilhar com o próximo e, como meta, deixar um legado que possa inspirar, o que eu acredito ser, genuinamente, o que dá mais sentido à vida.

Este é o primeiro passo, em formato de livro, do meu legado.

Que ele possa lhe servir de inspiração.

Sumário

PARTE III: DOMINANDO A ARTE DA CONSISTÊNCIA

CARTA ABERTA AOS MENTORADOS

Mentoria
substantivo feminino

Ofício, trabalho ou cargo do mentor, daquele que aconselha; aconselhamento.
Prática de ajudar ou de aconselhar uma pessoa menos experiente, durante um período de tempo.
Sistema em que alguém mais experiente ou mais velho dá orientações e direcionamentos a alguém mais jovem e inexperiente.
Relação estabelecida entre quem aconselha e quem recebe conselhos.
Etimologia (origem da palavra mentoria). Mentor + ia; do inglês mentoring.

Essa é a descrição da palavra mentoria na maioria dos dicionários da língua portuguesa. Para mim, ser mentor é uma jornada de profunda conexão e compromisso, mais do que orientar, desenvolver uma mentoria é estar ao lado de cada um de vocês, em cada passo do caminho, oferecendo todo o meu apoio durante os desafios (que com certeza irão surgir), para podermos juntos celebrar as conquistas.

Saber que eu estou aqui para apoiar cada um de vocês não apenas nos momentos de sucesso, mas sobretudo quando as coisas ficam difíceis, é minha responsabilidade. Meu papel é ser uma fonte constante de encorajamento e suporte, para que vocês possam enfrentar qualquer obstáculo com total confiança.

Cada um de vocês é único e possui um potencial incrível. Meu desejo é ver o crescimento de todos e que cada um possa alcançar os objetivos traçados. Lembrem-se de que, independentemente das dificuldades que possam surgir, vocês nunca vão estar sozinhos. Eu sempre estarei aqui para oferecer todo o meu apoio, a minha orientação e, acima de tudo, a minha dedicação.

Com todo o meu carinho,

Jacsson Santos
P.S.: Eu amo vocês!

O propósito deste livro

A mentoria, de longe, é o grupo mais consistente que já conheci até hoje. Não é difícil encontrar *traders* que vivem desse mercado e têm consistência, mas encontrar um grupo assim é algo realmente raro. Fato é que, até mesmo para os membros da minha mentoria, não são todas as pessoas que conseguem desfrutar de tudo, até mesmo por uma questão de controle do que é entregue. Afinal de contas, eu sou apenas um Jacsson. O que dizer, então, das pessoas que, às vezes, querem fazer parte da mentoria, mas não conseguem entrar por questões diversas, tais como financeiras, tempo ou mesmo por falta de vagas? Então, pensei: e se eu pudesse fazer com que mais pessoas tivessem acesso à minha visão de forma escalável? Foi, neste contexto, encorajado por algumas pessoas, que surgiu a ideia de escrever este livro, que, espero, pode servir como uma faísca de inspiração para mais pessoas.

Preciso contar uma coisa: logo na primeira conversa com a Rosana (a jornalista que me ajudou na arte de escrever), eu lhe disse que não tinha nenhuma pretensão de me tornar um *best-seller*. Se isso acontecesse algum dia, seria incrível, mas meu objetivo principal sempre foi alcançar aquelas pessoas que já estão nesse mercado, mas que ainda não obtiveram os resultados desejados ou estão até mesmo desiludidas, acreditando que não é possível viver de *trade*, que não são capazes de fazer, que dirá viver disso. Hoje, estou aqui para dizer que, sim, é possível! Não apenas eu, mas muitas, inúmeras pessoas do mundo todo, vivem desse mercado, e agora estou aqui para compartilhar os segredos que tornam isso realidade.

O que você vai ler neste livro é mais do que uma técnica, uma metodologia, mais do que meros *setups*; o que proponho é muito mais, é uma jornada ao interior da mente de um profissional! É sobre as batalhas diárias, as vitórias suadas e a paixão incessante que me impulsiona a continuar. É sobre acreditar em si mesmo, mesmo quando tudo parece estar contra você. Este livro é um convite para você descobrir que, com a atitude certa, disciplina, foco e constância, o sucesso no *trade* é alcançável, de forma que nem mesmo uma sequência de perdas seja capaz de expulsá-lo do jogo. A caminhada não será fácil, de fato, mas, sempre que você pensar em desistir, o seu propósito vai fazê-lo continuar. O segredo? Sim, existe! Uma bússola que indica a direção, e ela está, agora, bem aqui, nas suas mãos, dividida em três partes. Convido-o, a partir de agora, a navegar comigo por essas águas já "dantes navegadas".

“Você nunca cruzará o oceano se não tiver coragem de perder de vista a costa.”

André Gide
(Escritor francês ganhador do Nobel de literatura de 1947)

Prefácio

Neste livro, você terá a oportunidade de conhecer as estratégias e técnicas de *trading* que ajudaram o autor a alavancar resultados e transformar a sua vida. Tive o privilégio de acompanhar de perto uma das trajetórias de crescimento pessoal e financeiro mais impressionantes que já presenciei. Para dar um contexto sobre Jacsson Santos, vou começar com uma data marcante: 12 de abril de 2018. Foi nesse dia que recebi uma mensagem no Instagram com um pedido direto: "Doutor, estou com tempo livre. Tem algum trabalho para mim?".

Eu já conhecia o Jacsson de outras oportunidades, mas, naquele momento, não tinha nada específico para oferecer. Mesmo assim, peguei o telefone, busquei o número salvo na agenda e liguei. Pedi a ele que estivesse no meu escritório no dia seguinte, às dez da manhã.

Desde o início, ficou claro para mim que o Jacsson tinha algo especial: determinação, foco e uma vontade imensa de vencer. Posso afirmar, melhor do que ninguém, que o desejo dele de aprender e de se desenvolver foi o que o impulsionou a alcançar níveis extraordinários.

Se há alguém com autoridade, experiência e competência para guiar você em uma nova jornada profissional e ensinar os princípios de um *trader* de sucesso, esse alguém é Jacsson Santos.

Ele é a prova viva de que, com determinação, as ferramentas certas e um ambiente adequado, é possível virar a chave e acelerar rumo ao sucesso. A trajetória dele é um exemplo inspirador de que o trabalho focado, aliado ao conhecimento, pode mudar vidas.

Este livro é para aqueles que estão dispostos a aceitar o desafio de mudar, para aqueles que se sentem insatisfeitos com o mercado tradicional e estão em busca de conhecimento e ferramentas para transformar os próprios resultados.

Aqui, você não encontrará atalhos fáceis ou promessas mágicas. Em vez disso, você será apresentado à ideia realista de que é possível construir uma vida que vale a pena ser vivida, com dedicação e estratégia.

A transformação exige coragem, atitude e motivação. Não se pode esperar resultados diferentes continuando a fazer as mesmas coisas. Jacsson oferece, neste livro, o caminho e as ferramentas necessárias para essa mudança, mas a decisão de trilhar esse percurso está inteiramente em suas mãos.

O livro que você está prestes a ler pode ser a chave para sua transformação. Dê a si mesmo essa chance.

Boa leitura!

Carlos Henrique Reis dos Santos

Introdução

Repetição, correção, perfeição

O suor escorria pelo meu rosto, misturado com poeira e cansaço. Cada músculo do meu corpo pulsava em agonia. A mochila, com quase quarenta quilos, parecia ter ganhado vida própria, esmagando meus ombros com uma força descomunal. O sol a pino transformava o asfalto em um espelho incandescente, aumentando ainda mais o martírio daquela marcha.

Estávamos a quilômetros de distância do quartel, participando de um treinamento que testava os limites da nossa resistência física e mental: uma marcha de quarenta quilômetros, equipados com toda a farda, carregando um peso infernal.

Ao meu redor, via meus companheiros na mesma situação: exaustos, muitos à beira do colapso. Mas ninguém ousava reclamar. A disciplina militar, impregnada em cada um de nós, era mais forte do que a dor, do que o desânimo.

Faltavam apenas (ou seriam "longos"?) dez quilômetros para completarmos a missão, mas cada passo parecia uma batalha épica. Era como se meu corpo estivesse travando uma batalha contra minha mente, e a única coisa que me impulsionava era a voz firme do tenente Ravanello, ecoando a cada passo dado:

"Repetição com correção até a exaustão leva à perfeição!"

Ele repetia essa frase como um mantra, e nós, em uníssono, repetíamos com ele, como um coro disforme de almas esgotadas em busca de motivação.

Naquele momento, confesso que não dava a mínima para a "perfeição". Só queria que aquela tortura acabasse logo. Pensava que o tenente, com todo o respeito, estava apenas brincando com a nossa cara. "Repetição com correção" era fácil de falar ali, sem carregar peso, sem sentir o suor escorrer pelos olhos, sem a exaustão minando nosso corpo.

Anos depois, já fora do quartel, a vida me colocou frente a frente com outro tipo de desafio: o mercado financeiro. Inicialmente, eu me senti atraído pela promessa de dinheiro fácil, de enriquecimento rápido, mas logo descobri que o mercado, assim como aquela marcha, era implacável com os despreparados.

Comecei a operar no *trading* e, em pouco tempo, vi meus sonhos se transformarem em pó. Cometi todos os erros que um *trader* iniciante pode cometer: operei por impulso, sem estratégia definida, deixei a ganância me dominar.

"Três grandes forças regem o mundo: estupidez, ganância e medo."

Warren Buffet

(Investidor renomado e CEO of Berkshire Hathaway)

As perdas começaram a se acumular, e o desânimo foi tomando conta de mim. Era como se estivesse revivendo aquela marcha no quartel, com a diferença de que, agora, a mochila pesada carregava outro tipo de fardo: o peso dos meus erros, das minhas más decisões.

Em meio àquele turbilhão de emoções, lembrei-me do mantra do tenente Ravanello: **"Repetição com correção até a exaustão leva à perfeição!"**.

Na época, aquela frase me parecia sem sentido, mas agora, diante do meu fracasso no *trading*, finalmente a compreendi.

Eu estava tão focado em operar, em buscar o lucro rápido, que havia me esquecido do principal: a disciplina, a estratégia, a gestão de risco. Estava repetindo os mesmos erros, sem parar para analisá-los, sem buscar corrigi-los.

E foi aí que me dei conta: o sucesso no *trading*, assim como na vida militar, não é resultado de sorte ou acaso, mas de esforço, persistência e, principalmente, da capacidade de aprender com os próprios erros.

A partir daquele momento, decidi mudar meu *mindset*. Comecei a encarar o *trading* com mais seriedade, como um negócio que exige estudo, dedicação e disciplina. Criei um método próprio, defini meus objetivos e, principalmente, aprendi a controlar minhas emoções.

E foi então que os resultados começaram a aparecer. As perdas, antes constantes, foram diminuindo, e os ganhos, ainda que tímidos no início, começaram a surgir de modo mais consistente.

A jornada ainda era desafiadora, mas eu havia aprendido a lição mais valiosa: a arte de sobreviver ao *loss*. E essa lição, que me custou caro para aprender, é o que eu quero compartilhar neste livro com você.

Este livro não é um manual com fórmulas mágicas para o sucesso no *trading*, é um convite para uma jornada de autoconhecimento, de disciplina e de superação, que tem como objetivo ajudá-lo a se tornar um *trader* mais consistente e lucrativo.

Prepare-se, pois a jornada será árdua, mas lhe garanto: a recompensa valerá a pena.

A ASCENSÃO, A QUEDA E A MISSÃO: MINHA JORNADA NO MERCADO FINANCEIRO

Minha história com o mercado financeiro começou como a da maioria: um fascínio por aquele universo de ganhos e possibilidades, a promessa de liberdade e independência financeira, uma possibilidade que, inicialmente, se mostrou real. Eu me joguei de cabeça nos estudos, devorava livros, passava noites em claro analisando gráficos, e os resultados vieram, rápidos e intensos, como um foguete em direção à Lua.

Aquele sucesso repentino, porém, veio com um preço alto: a ganância. A sensação de invencibilidade tomou conta de mim, levando-me a abandonar a disciplina e a estratégia que me haviam trazido até ali. Comecei a arriscar mais do que devia, buscando lucros cada vez maiores, sem me preocupar com a gestão de risco.

E o mercado, como um mar revolto, não perdoa a arrogância.

A maré virou. As perdas vieram avassaladoras, levando consigo não apenas os ganhos que eu havia conquistado, mas também a minha confiança. O entusiasmo deu lugar à frustração, e o otimismo à incerteza.

Foi um período sombrio, confesso, mas, em meio àquele turbilhão de dúvidas e receios, encontrei um farol, uma razão para seguir em frente: minha filha. Ver a inocência e a alegria dela nas pequenas coisas me fez repensar tudo. Eu precisava dar a volta por cima, não apenas por mim, mas principalmente por ela.

"Tenha um propósito. A caminhada não será fácil, mas, sempre que você pensar em desistir, o seu propósito vai fazê-lo continuar."

Essa situação me fez pensar no conceito do "Círculo Dourado", de Simon Sinek. Ele diz que as pessoas não compram o que você faz, mas sim o porquê você faz. E isso serve para tudo na vida, inclusive para o *trading*.

Nesse momento difícil, percebi que o meu "porquê" tinha se perdido no caminho. Eu estava focado no "o que" (ganhar dinheiro no mercado financeiro) e no "como" (usando fundamentos, análise técnica, indicadores etc.), mas havia me esquecido do meu propósito, daquilo que realmente me movia.

E você? Já parou para pensar no seu "porquê"? Qual é a sua verdadeira motivação para estar nesse mercado? O que o move, o inspira a buscar algo maior, a perseguir seus sonhos mesmo diante das adversidades? Costumo dizer que o problema não é o problema, mas a sua atitude em relação ao problema.

PARE POR UM INSTANTE E REFLITA

Anote em um papel, no bloco de notas do seu celular ou em qualquer lugar que possa ser revisitado, qual é o seu maior "porquê". Essa é a sua força, o combustível que irá impulsioná-lo nesta jornada e ajudá-lo a superar os momentos difíceis.

Este é o mesmo fogo que irá impulsioná-lo a ler este livro até o fim. Guarde-o consigo. Relembre-o sempre que precisar. Ele é a sua bússola, a sua força motriz. A jornada que temos pela frente é desafiadora, mas, com o seu "porquê" guiando seus passos, a conquista se tornará inevitável. Grave isso: o seu "porquê" é o que irá fazê-lo chegar até o final deste livro, mas sobretudo o que irá fazê-lo ser consistente no mercado.

Após essa reflexão, voltei a estudar, a aprimorar minhas técnicas, a dominar minhas emoções. Dessa vez, o foco não era a busca desenfreada pelo lucro, mas a construção de uma base sólida, de uma estratégia consistente que me permitisse operar com segurança e tranquilidade, sempre alinhado com o meu "porquê".

E, lentamente, como um navio reconstruído após a tempestade, voltei a navegar no mercado. Aprendi a respeitar o mar revolto, a identificar as correntes favoráveis e a navegar com cautela e inteligência.

O sucesso, agora fruto de dedicação, disciplina e persistência, trouxe consigo uma nova inquietação: a vontade de compartilhar o que havia aprendido com outras pessoas.

Foi assim que surgiu a mentoria.

"A vida não une pessoas, une propósitos."

No começo, confesso, foi desafiador. A pressão de orientar pessoas, de guiá-las em um mercado tão complexo e arriscado, me tirava o sono. Mas, a cada obstáculo superado, a cada resultado positivo alcançado pelos meus mentorados, a certeza de que estava no caminho certo se fortalecia. Lembro-me com clareza daquela primeira semana conduzindo a mentoria. Foi uma experiência nova para todos nós. Estávamos acostumados com as lives em que a interação era apenas pelo chat, em que eu podia sentir a presença das pessoas, mas de forma distante, protegida. Dessa vez, era diferente: câmeras e microfones estavam abertos, e de repente eu tinha ali na minha frente rostos e expressões reais, olhares carregados de expectativa e confiança.

A pressão era palpável. Não eram só eu e minha tela; eram eu e uma audiência que confiava em cada palavra, cada decisão. No fundo, eu sabia o que fazer, sabia o que ensinar, mas, naquele momento, cada operação parecia um teste não só da minha habilidade, mas da minha própria capacidade de conduzir aquele grupo. E, talvez por essa pressão, os resultados foram dolorosamente claros: tive perdas seguidas durante toda a semana. A cada *loss*, sentia minha confiança escorrer pelos dedos, um pouco de cada vez.

No fim de semana, com a mente inquieta, decidi parar e refletir sobre o que estava acontecendo. A pressão, a insegurança, a frustração… tudo aquilo estava me corroendo por dentro, mas resolvi encarar o desconforto e tentar entender o que havia por trás de cada sentimento.

Nesse mergulho, uma lembrança antiga veio à tona, um lampejo de um tempo em que a pressão era quase um combustível. Lembrei-me dos dias no exército, de momentos em que o cenário era muito mais intenso e onde qualquer erro podia significar consequências reais. Lembrei-me dos meus superiores, dos gritos que ecoavam nos meus ouvidos em situações de alta pressão, em que eu precisava manter o foco e seguir adiante, mesmo quando cada fibra do meu corpo pedia por descanso.

Em um dos treinos mais extenuantes, lembro-me de carregar um irmão de farda ferido. O peso dele sobre meus ombros, o chão de lama, o cheiro de terra molhada e o som dos tiros rasgando o ar em volta. Eu precisava me arrastar, seguir em frente, um passo de cada vez, e, ao mesmo tempo, proteger aquele soldado que confiava em mim. A missão era clara: levá-lo até o outro lado, vivo. Não importava o cansaço, não importava o medo — tudo de que eu precisava era ter a mente fixa no objetivo, ignorar o barulho em volta e confiar naquilo que eu sabia fazer.

Naquela lembrança, percebi algo essencial: eu já havia lidado com situações intensas antes. Havia aprendido a transformar o caos em foco; o medo, em determinação.

Quando sua equipe se contagia com a sua visão, ela se une a você de maneira poderosa. Isso acontece porque todos percebem que, ao alcançar seus objetivos, você levará todos juntos para o sucesso, e esse sucesso será um triunfo coletivo. Cada um terá dado passos significativos em direção à realização de seus próprios sonhos e objetivos.

Ter uma visão clara e bem definida não apenas guia sua própria jornada, mas também inspira os outros a estabelecerem suas próprias metas com clareza. À medida que cada membro da equipe desenvolve suas visões pessoais, essas metas se combinam e potencializam o desempenho de todos.

Hoje, com mais de 23 meses fechando no positivo, a mentoria se tornou muito mais do que um trabalho. É a realização de um sonho: a possibilidade de democratizar o acesso ao mercado financeiro, de mostrar que a consistência e a lucratividade são alcançáveis para aqueles que se dedicam e se comprometem com a jornada. Afinal, como diz um antigo provérbio africano: "Se você quiser ir rápido, vá sozinho; se você quiser ir longe, vá acompanhado".

"Tudo aquilo que o homem ignora não existe para ele. Por isso o universo de cada um se resume ao tamanho do seu saber."

Einstein

Espero com este livro compartilhar todo o meu conhecimento e assim ampliar o seu universo!

UM CONVITE À JORNADA DO *TRADER*

Imagine o mercado financeiro como uma vasta floresta, repleta de oportunidades e perigos escondidos. No coração dessa floresta, encontra-se um tesouro valioso: a liberdade financeira. Muitos aventureiros se embrenham na mata, atraídos pelo brilho do ouro, mas apenas aqueles que seguem a trilha correta, com um mapa confiável e a bússola da disciplina, conseguem alcançar seu objetivo.

Este livro é o seu mapa para a trilha do tesouro no mercado financeiro. Ele o guiará passo a passo, mostrando os caminhos a seguir, as armadilhas a evitar e as ferramentas essenciais para navegar com segurança e eficiência. Prepare-se para desvendar os segredos da floresta, desde os fundamentos da análise técnica até os princípios da psicologia do *trading*, que o ajudarão a dominar suas emoções e a tomar decisões mais assertivas.

Talvez você tenha chegado até aqui motivado pela busca por liberdade financeira, pelo sonho de trabalhar em qualquer lugar do mundo, sem horários fixos ou chefes para obedecer, ou talvez sua motivação seja o desafio intelectual, a adrenalina de operar nos mercados e a satisfação de controlar o próprio destino. Seja qual for o seu "porquê", este livro o ajudará a transformar seus sonhos em realidade, mostrando que o sucesso no *trading* não é um golpe de sorte, mas sim a conquista daqueles que se dedicam a dominar a arte da estratégia e a controlar a própria mente.

A jornada do *trader* é uma montanha-russa de emoções, com seus altos e baixos, suas vitórias e derrotas. Haverá momentos de euforia, de ganhos fáceis que o farão sentir-se no topo do mundo, mas também haverá momentos de frustração, de perdas dolorosas que o farão questionar suas habilidades e duvidar do seu potencial. A chave para o sucesso reside na capacidade de manter o equilíbrio, de aprender com cada experiência e de se fortalecer a cada queda.

Assim como um marinheiro que se prepara para navegar em mares desconhecidos, você precisa se equipar com as ferramentas certas e desenvolver as habilidades necessárias para enfrentar os desafios do mercado. Este livro é o seu kit de sobrevivência, com as bússolas, mapas e equipamentos essenciais para guiá-lo nessa jornada.

Agora que você já tem um vislumbre do que o espera nessa jornada, vamos começar a desvendar os primeiros enigmas do dragão do mercado financeiro. No capítulo 1, exploraremos os fundamentos do *trading*, construindo a base sólida que lhe permitirá enfrentar os desafios e conquistar os tesouros que este território guarda.

Parte 1:

Táticas de negociação

PARTE

Capítulo 1

A trilha para o sucesso no *trading*

Quem em sã consciência diria que eu, Jacsson, o cara que vendia água no sinal há alguns anos, estaria aqui hoje, dividindo minha história e falando sobre como sobreviver ao *loss* no *trade*? É, a vida dá voltas, e a minha deu um giro de 180 graus! Mas, antes de lhe contar como cheguei até aqui, deixe-me falar uma coisa: no *trading*, assim como na vida, o sucesso não vem de graça. Não existe fórmula mágica, única, nem atalho para ter êxito nos mercados. O sucesso no *trading* não é uma questão de achar a metodologia correta, mas sim de achar a correta para você. Ao longo do caminho, vai perceber que ninguém tem como lhe dizer qual método funciona, quem irá descobrir é você.

O que o leva ao topo é muito suor, dedicação, persistência e, principalmente, muita coragem para encarar o *loss* de frente. Porque, sim, você vai ter *loss*, você vai ter dias ruins; às vezes, serão dias de sol; às vezes, dias de chuva; com certeza você vai tomar muita porrada do mercado. Mas quem disse que a vida é fácil? Costumo dizer que só não cai de bicicleta quem não está andando. Você deve aprender com as quedas, com os erros, só dessa maneira irá se aprimorar.

Na mentoria, costumo usar a analogia do "caçula" e do "veterano" para ilustrar essa jornada de aprendizado no *trading*. Os "novatos", assim como um "caçula" que está aprendendo a andar de bicicleta, ainda se apoiam no grupo, buscam segurança e temem as quedas. Já os "veteranos", mais experientes e seguros, entendem que as quedas são inevitáveis, que fazem parte do processo e que é preciso ter coragem para se levantar e seguir em frente.

Como bem disse um dos "veteranos" da mentoria, "quarta-feira eu gritei muito, tomei muito golpe, e depois veio uma gripe". Ele estava se referindo a um dia em que o mercado estava bastante volátil, com muitas oscilações e perdas. Mas, mesmo diante da adversidade, ele manteve o foco, controlou as emoções e superou o desafio.

É nessa capacidade de resiliência e adaptação que reside a grandeza de um *trader* de sucesso. Assim como na vida, no *trading* é preciso ter a humildade para reconhecer os erros, a inteligência para aprender com eles e a coragem para seguir em frente, sempre em busca do aprimoramento.

A jornada até aqui não foi fácil, foi preciso construir uma estrutura sólida, assim como meu pai fazia ao erguer suas casas tijolo por tijolo. Ele me ensinou, mesmo sem saber, a importância de ter uma base forte para enfrentar qualquer tempestade. Apesar de suas lutas contra o alcoolismo e as drogas, meu pai carregava consigo a vontade de construir algo melhor, de ter uma reserva, como ele mesmo dizia. Essa imagem dele, sempre guardando parte do que ganhava, ficou gravada em mim. Era como se ele soubesse que a vida era feita de altos e baixos, e que precisávamos estar preparados para os momentos difíceis.

Minha mãe, uma leoa protetora, me ensinou a força da resiliência. Ver sua luta constante para nos proteger, para me tirar daquela realidade difícil, me mostrou que é possível encontrar força mesmo nos momentos mais desafiadores. Ela me ensinou a importância da família, da união, mesmo quando as palavras "eu te amo" eram ditas através de um olhar carregado de emoção.

Crescer naquele ambiente me moldou. A escassez era um cenário familiar. Lembro-me da vontade de ter um tênis da moda, daqueles que os rappers usavam. Era como se aquele tênis representasse um mundo diferente do meu, um mundo que eu tanto desejava alcançar. Para realizar esse sonho, comecei aos doze anos a catar latinhas para vender.

Essa busca por uma "realidade melhor" foi o que me impulsionou desde cedo. Observava as pessoas ao meu redor, naquela rua sem saída, e me questionava: "É só isso que a vida tem a oferecer?". Anos mais tarde, durante uma mentoria, uma aluna que acabara de entrar no grupo verbalizou exatamente esse sentimento. Ela descreveu a frustração de se sentir presa em uma realidade limitada, sem perspectivas de crescimento. "Eu não quero mais viver nessa caverna", ela disse, com uma mistura de indignação e esperança.

As palavras dela me transportaram de volta à minha infância, quando eu mesmo me sentia aprisionado por aquela realidade de escassez. A vontade de ter um tênis da moda, as idas à casa do Júnior para experimentar o "luxo" do refrigerante e o exemplo de superação do Fabrício eram como *flashes* que me lembravam da minha busca por uma vida diferente.

Assim como eu anos atrás, ela havia despertado para a possibilidade de transformar a própria realidade. Ela queria mais da vida, e o *trading*, assim como as latinhas que eu catava na infância, representava um caminho para alcançar os objetivos que queria.

Ao ouvir aquele desabafo, senti uma conexão profunda com a história dela, como se estivesse me vendo refletido nas suas palavras. Percebi que a busca por superação e liberdade é um impulso universal, que nos move a lutar por algo maior, a romper com os limites da nossa realidade e a construir o futuro que desejamos.

Era cansativo, muitas vezes frustrante, mas a sensação de independência que aqueles trocados da venda das latinhas me proporcionavam não tinha preço. Era a minha liberdade, era a certeza de que eu podia correr atrás dos meus sonhos.

Imagine a emoção de ver seus *tradings* prosperarem no mercado financeiro, de alcançar a tão sonhada consistência e construir um patrimônio sólido. Essa é a promessa que atrai muitos ao mundo do *trading*, mas a realidade é que essa jornada é desafiadora e exige muito mais do que sorte ou intuição.

O sucesso no *trading* é uma conquista construída por meio de estudo, disciplina e, principalmente, da capacidade de superar as inevitáveis perdas, os temidos *loss*. Enquanto a promessa de lucros rápidos seduz muitos, a realidade do mercado impõe obstáculos e exige resiliência para se manter firme na busca pelos objetivos.

Dominar a arte de sobreviver ao *loss* é fundamental para garantir a longevidade no *trading*. É preciso entender que as perdas são inerentes ao processo e que, em vez de serem encaradas como derrotas, devem ser vistas como oportunidades de aprendizado e aprimoramento. Cada erro, cada perda é uma lição valiosa que nos impulsiona a evoluir e refinar nossas estratégias. É preciso entender que você pode ainda não estar onde gostaria, mas certamente não estará mais onde começou. Tenha orgulho de cada pequeno passo que você der.

"Perder é uma parte inevitável do processo de trading. É o que você faz com essas perdas que vai determinar seu sucesso."

Paul Tudor Jones

(Trader, fundador da Tudor Group)

Essa citação, desse renomado *trader*, destaca como as experiências negativas, como as quedas e perdas, são oportunidades para o aprendizado e aprimoramento.

OS TRÊS PILARES FUNDAMENTAIS: PSICOLOGIA, GESTÃO DE RISCO E TÉCNICA

Assim como uma casa precisa de uma base sólida para se manter de pé, o sucesso no *trading* se apoia em três pilares fundamentais: a psicologia, a gestão de risco e a técnica. Dominar esses pilares é como construir um tripé estável, capaz de suportar o peso das decisões difíceis e das emoções intensas que o mercado impõe.

Durante uma mentoria, uma aluna fez um comentário que ilustra bem a importância de se ter uma base sólida: "A gente tem que deixar agendada a nossa salinha de *day trade*. Foi tão boa a última, né?". Ela se referia ao ambiente de apoio e aprendizado que criamos na mentoria, um espaço onde os alunos se sentem à vontade para compartilhar dúvidas, análises e experiências.

Esse ambiente de troca e colaboração é essencial para o desenvolvimento de um *trader*. É ali que ele aprende a lidar com as pressões do mercado, a controlar as emoções e a tomar decisões mais racionais. É um espaço de crescimento e amadurecimento, onde cada membro contribui para o sucesso do grupo como um todo.

Para construir uma base sólida no *trading* e trilhar o caminho rumo à consistência, é fundamental dominar os três pilares que sustentam essa arte: a psicologia, a gestão de risco e a técnica. Assim como um edifício se ergue sobre alicerces robustos, uma fundação bem construída, o sucesso no *trading* depende do desenvolvimento e aprimoramento contínuo desses pilares.

PSICOLOGIA

A mente de um *trader* é o seu maior aliado e, ao mesmo tempo, seu maior desafio. As emoções inerentes ao ser humano, como o medo, a ganância, a euforia e a frustração, podem influenciar negativamente as decisões e levar a resultados desastrosos.

> *"O maior desafio no mercado é dominar a si mesmo."*
>
> **Mark Douglas**
>
> (Autor e *trader* de sucesso)

Mark Douglas enfatiza que o controle emocional e a mentalidade são fundamentais para alcançar o sucesso no *trading*. Para o *trader* que fez 337 ao ano em 13 anos, Amrit Sall, que em 2009 conseguiu um retorno de inacreditáveis 800%, existe um jogo interno do *trading*. Para ele, "o estado mental é o fator mais importante para o êxito do *trading* depois que se tem uma metodologia definida." Segundo Sall, o *mindset* certo é ficar calmo e focado.

Disciplina: estabeleça um plano de *trading* e siga-o à risca, evitando decisões impulsivas baseadas em emoções momentâneas.

> *"Disciplina é você explicar para o seu cérebro que ele precisa sacrificar prazeres imediatos, para poder receber recompensas maiores no futuro."*

Mais do que disciplina, é preciso ter foco para realizar aquilo que você se propõe a fazer, para conquistar aquilo que busca. Somente o foco bem direcionado para aquilo que deve ser feito não o deixa se perder do seu objetivo. Fuja das distrações. Somente assim conseguirá se manter concentrado no processo que irá levá-lo às ações e, consequentemente, ao seu objetivo. Procure focar e agir com determinação e consistência, é daí que virão os melhores resultados. Muita gente se sente atraída pelo *trading* por achar que é uma maneira fácil de ganhar muito dinheiro; não se engane, os *traders* de sucesso são dedicados e consistentes.

Essa busca por independência e a vontade de controlar meu próprio destino me acompanharam durante toda a adolescência. A vontade de ter um tênis da moda, por exemplo, me motivava a buscar formas de ganhar meu próprio dinheiro, reforçando a ideia de que eu era capaz de correr atrás dos meus sonhos. Era preciso foco e disciplina para alcançar meus objetivos, características que, mais tarde, descobri serem essenciais no mundo do *trading*.

Foi nessa época que a dança entrou na minha vida. Não era apenas um *hobby*, era uma forma de expressão, um escape da realidade dura que me cercava. Quando o líder do grupo da igreja decidiu partir, algo dentro de mim despertou. Aos catorze anos, tomei a frente e assumi a liderança. Não foi uma decisão fácil, o peso da responsabilidade era grande, mas a vontade de guiar e inspirar aquele grupo era maior. Tínhamos ensaios semanais, coreografávamos músicas, participávamos de eventos e apresentações. A cada passo ensaiado, a cada movimento sincronizado eu aprendia a lidar com diferentes personalidades, a me comunicar de forma clara e objetiva, a motivar e unir o grupo em prol de um objetivo comum.

Essa experiência me ensinou muito sobre liderança, trabalho em equipe, gestão de conflitos e, principalmente, sobre mim mesmo. Descobri que possuía uma força interior que ia além dos meus limites, uma capacidade de lidar com a pressão e tomar decisões difíceis. Sem saber, estava desenvolvendo habilidades essenciais para o futuro, habilidades que me seriam valiosas no mundo imprevisível do *trading*.

Mas foi no ambiente desafiador do colégio que a importância da disciplina e da resiliência se tornou ainda mais evidente. Em um ambiente em que a violência era constante, aprendi a controlar minhas emoções, a fazer escolhas estratégicas e a me manter firme em meus propósitos. Essa capacidade de adaptação e superação, desenvolvida em meio ao caos, me moldou como pessoa e como profissional, preparando-me para os desafios do *trading*.

Criar um diário é uma ferramenta eficaz em vários aspectos, além de poder manter a disciplina e a consistência fundamentais para a evolução de um *trader*, ainda serve para documentar todas as razões e decisões tomadas, sejam elas corretas, sejam erradas, ou seja, uma ferramenta de extrema importância para registrar as questões emocionais relacionadas a cada *trade*.

Controle emocional: aprenda a lidar com as perdas, entendendo que elas são parte do processo. Não deixe que afetem seu julgamento ou abalem sua confiança. Emoções e impulsos, na maioria das vezes, levam os *traders* a agir de maneira errada. Lembre-se: você é o seu pior inimigo. Por isso, acredito que um dos principais mecanismos do sucesso é o gerenciamento das emoções. Na verdade, os imprevistos não são o problema. O problema é não saber lidar com eles. Nós não temos o controle sobre o que pode acontecer, durante o caminho, mas podemos sempre procurar dar um outro significado de maneira construtiva, em vez de nos lamentarmos.

"O sucesso é 80% emocional e 20% mecânico."
Caio Carneiro
(Empreendedor, escritor, palestrante e investidor)

Por que sempre enfatizo que um detalhe emocional pode arruinar tudo? Porque, mesmo com grandes metas, muitas vezes uma emoção oculta, disfarçada na nossa mente, acaba influenciando negativamente nossas ações, impedindo que atendamos às necessidades que nosso negócio exige para prosperar. Muitas vezes, nem percebemos que isso está acontecendo.

Considere um exemplo simples para entender o conceito de gerenciamento emocional: imagine que um *trader* vê repetidamente notícias sobre grandes *traders* que sofreram perdas devastadoras. Inconscientemente, ele pode começar a associar sucesso no mercado financeiro a um risco elevado de fracasso. Assim, quando busca resultados positivos em suas operações, o medo do fracasso começa a dominar seu subconsciente.

À medida que se aproxima do sucesso, o medo de perder só cresce, o que pode levar o *trader* a sabotar o próprio desempenho. Se ele não conseguir gerenciar esse medo, o sucesso se tornará inalcançável.

Esse fenômeno ocorre com diversas emoções. Muitas vezes, a emoção que sabota o sucesso é pequena, mas poderosa, uma sensação que não foi bem administrada. Em termos de *trading*, a razão pela qual você pode perder oportunidades ou fracassar em suas estratégias pode ser um detalhe emocional que não foi bem tratado.

Portanto, um dos principais aspectos do sucesso no mercado financeiro é o gerenciamento das emoções. Você já parou para pensar em como suas emoções podem influenciar suas escolhas nos momentos cruciais de suas operações?

Reflita: houve dias em que, apesar de ter as habilidades e técnicas necessárias, suas emoções dominaram suas ações, fazendo com que você produzisse menos ou não realizasse o que deveria? Talvez uma frustração, um medo ou uma insegurança o tenham paralisado, impedindo-o de alcançar seu potencial máximo naquele dia.

Mesmo com a técnica e o conhecimento adequados, é possível que tenha decidido não tomar nenhuma ação devido ao controle das suas emoções. Elas podem ser extraordinariamente poderosas, capazes de impulsioná-lo ao sucesso, ou de levá-lo a um grande fracasso, dependendo de como você as gerencia.

Se você quiser ter sucesso como *trader*, nunca permita que suas emoções decidam por você. Mantenha o controle. Observe como lida com elas. Você as controla, ou é controlado por elas? Você as utiliza a seu favor, ou contra seus interesses? Se for preciso, feche o computador, pare de operar, dê uma volta e retome em outro momento.

Faça essa reflexão, pois será fundamental na sua jornada no mercado financeiro. Analise seu desempenho recente, considere o que pode ser melhorado e comece a gerenciar suas emoções de maneira eficaz. Isso pode transformar seus dias e melhorar significativamente seus resultados.

Paciência: evite a busca por resultados rápidos e imediatos. O sucesso no *trading* é construído com paciência, persistência e foco no longo prazo. Exige superar instintos e desejos naturais e exige paciência para esperar o *trade* certo e para segurar um bom *trade*. A frase abaixo foi a maneira que o empresário americano e CEO da Rogers Holdings e da Beeland Interests, Jim Rogers, encontrou para descrever a virtude da paciência de esperar pelo *trade* certo, para ele característica crucial do *trader* bem-sucedido.

> *"Espero até o dinheiro aparecer na minha frente e tudo que tenho a fazer é ir até ele e pegá-lo. No meio-tempo, não faço nada."*
> **Jim Rogers**
> (CEO da Rogers Holdings e da Beeland Interests)

Paciência para esperar o *trade* certo: as boas oportunidades não aparecem o tempo todo. A maioria dos *traders* têm dificuldade em esperar pela operação que realmente vale a pena e acaba fazendo *trades* menos interessantes enquanto isso. Esses *trades* secundários costumam ter duas consequências negativas. Primeiro, podem causar prejuízos na conta. Segundo, tiram o foco das oportunidades reais. E o pior é que um erro desses pode desestabilizar o *trader,* fazendo-o perder uma grande chance de lucro. Amrit Sall é um exemplo clássico de *trader* paciente. Ele espera o momento certo e descreve o estilo dele assim:

> "Muitas vezes compararam meu estilo ao de um *sniper*. Estou sempre em alerta, esperando o momento perfeito. Fazer *trades* mais lucrativos é a parte fácil. O difícil é esperar pelas oportunidades ideais e evitar *trades* secundários, que, nas minhas palavras, só gastam o capital mental e financeiro".

Paciência para segurar um bom *trade*: além de saber esperar pelo *trade* certo, também é preciso paciência para manter um *trade* bom. Quando um *trade* está lucrativo, bate a tentação de fechar a posição logo, com medo de perder os ganhos.

Autoconhecimento: identifique seus pontos fortes e fracos como *trader.* Conheça suas reações aos diferentes cenários do mercado e trabalhe para aprimorar sua inteligência emocional. Vale aqui ressaltar a importância da autoanálise, não somente para a vida, mas sobretudo para você como *trader*. Para mim, para você se tornar um *trader* de sucesso, é preciso ser uma pessoa também de sucesso. Um pai melhor, uma mãe melhor, um filho, um cidadão melhor. Você precisa se conhecer. Na minha perspectiva, não existe vida pessoal, profissional e o *trader*, tudo é um conjunto só. Você ou eu não podemos ser reativos no trânsito, brigar se alguém nos fecha e depois sentar-se à frente de um gráfico e operar, trata-se da mesma pessoa. Além disso, pode parecer meio esquisito à primeira vista, óbvio, mas, para saber para onde estamos indo, é crucial entendermos de onde viemos. Isso acontece porque muitas vezes repetimos os mesmos erros do passado e acabamos obtendo os mesmos resultados — ou a falta deles. Nosso passado é a base para entendermos quem somos e como agimos. Quando penso na minha infância, tenho claro, desde aquela época, que aquela não era a vida que eu queria ter. Minha mãe, embora tenha dito raríssimas vezes "eu te amo", com essas palavras, sempre foi superprotetora, uma "leoa". Como fonte de inspiração, acredite, ela foi, digamos, às avessas, na medida em que eu olhava para ela e dizia para mim mesmo que aquele não era o futuro que eu queria para mim. Queria tudo muito diferente. Não podemos mudar o passado, mas podemos fazer um futuro diferente, essa máxima se encaixa perfeitamente na minha história. Se analisarmos o que estamos vivendo agora e compararmos com o que aconteceu antes, podemos identificar o que precisamos mudar em nós mesmos para encontrar um novo caminho. Esse caminho pode nos levar a realizar nossos sonhos e alcançar o que desejamos. Para isso, é preciso adotar novas atitudes, diferentes daquelas que não nos trouxeram aos resultados que queríamos. É importante entender que a mudança acontece na vida de quem se recusa a seguir o óbvio, de quem se questiona e busca fazer as coisas de maneira diferente. Se o seu passado não trouxe sucesso, é hora de mudar o que você vem fazendo.

GESTÃO DE RISCO

Não importa quantas vezes você já tenha ouvido falar disso, a verdade é que a gestão de risco é uma pedra no sapato de qualquer *trader* bem-sucedido, e vale a pena prestar atenção. Enquanto criar estratégias de entrada pode parecer mais empolgante, a gestão de risco é crucial não apenas para a sobrevivência no mercado, mas para alcançar o verdadeiro sucesso. A gestão de risco é a blindagem que protege seu capital e garante sua longevidade no mercado. Sem uma gestão de risco eficiente, mesmo os *traders* mais experientes podem sucumbir às armadilhas do mercado.

Definição de risco: determine o percentual máximo de seu capital que você está disposto a arriscar em cada operação. Nunca arrisque mais do que você pode perder.

***Stop loss*:** utilize ordens de *stop loss* para limitar suas perdas em cada operação. Essa ferramenta é fundamental para proteger seu capital de grandes oscilações. Não determine o *stop* pelo que você está disposto a perder. Se um ponto de *stop* importante indica que o risco está elevado, isso sugere que a sua posição é grande demais. Reduza o tamanho da posição para que o *stop* possa ser colocado em um nível que não seja atingido se sua análise estiver correta. Ao mesmo tempo, assegure-se de que a possível perda decorrente desse *stop* fique dentro dos limites do seu apetite por risco. O objetivo do *stop* é restringir sua perda máxima a um valor previamente definido em uma operação. No entanto, você não precisa esperar até que o *stop* seja atingido para agir. Quanto mais tempo um *trade* permanecer com uma perda em aberto, mais você deve considerar encerrá-lo, mesmo que o ponto de *stop* não tenha sido alcançado. O dinheiro economizado ao liquidar essas operações antes do *stop* compensa os lucros que você poderia ter perdido se o preço se recuperasse depois. Imagine-se sentado na frente da tela, analisando o mercado com atenção. Você vê uma oportunidade clara: decide entrar em um *trade* de compra, convicto da sua análise, mas o mercado tem sua própria lógica, imprevisível e impiedosa. Passam-se dez minutos, e uma sensação estranha começa a surgir. Você observa o gráfico e percebe: há sinais de uma reversão. O cenário começa a mudar, e o caminho do seu *trade* agora aponta direto para o *stop loss*.

Neste momento, surge a grande pergunta: por que continuar?

Essa é a essência do que chamo de "arte do desapego". No início, quando somos amadores, é comum nos agarrarmos a uma operação que está perdendo, como se fosse uma prova de nosso acerto. Deixamos o *trade* negativo correr até o *stop loss*, esperando, às vezes até rezando, para que o mercado mude de direção. Ironicamente, quando o *trade* está positivo, fechamos cedo demais, perdendo o potencial completo.

É aí que mora o problema: fechar operações positivas antes do tempo é um desafio, mas manter as negativas abertas até o limite é o verdadeiro perigo. Mesmo com uma boa taxa de acerto, muitos *traders* continuam negativos, porque essa conta não fecha. No final, a diferença está em saber quando se soltar, e não em se agarrar a uma esperança.

Entender isso é o que separa o *trader* maduro do iniciante. É o que permite transformar um dia de perdas numa oportunidade de aprendizado, sem deixar que uma posição errada domine sua estratégia e sua mentalidade.

Diversificação: diversifique seus *tradings*, distribuindo seu capital entre diferentes ativos e mercados. Essa estratégia reduz o risco de perdas concentradas em um único *trade*. Como bem disse uma lenda dos investimentos, Warren Buffett: "Não coloque todos os ovos na mesma cesta". Diversificar seus *tradings* é a chave para diminuir riscos e proteger seu capital.

Por que diversificar?

1. **Redução do risco**: a principal razão para diversificar é reduzir o risco. Se você investir todo o seu capital em um único ativo, e esse ativo sofrer uma queda significativa, você poderá enfrentar perdas severas. Ao diversificar, você espalha o risco, de modo que a queda em um ativo não afete gravemente o seu portfólio como um todo.

2. **Proteção contra volatilidade**: mercados e setores podem ser altamente voláteis. Diversificar entre diferentes ativos, setores e até mesmo regiões geográficas pode suavizar os impactos da volatilidade. Isso porque diferentes ativos podem reagir de maneira diferente a eventos econômicos e de mercado.

3. **Aproveitamento de oportunidades**: diversificar permite que você aproveite oportunidades em diferentes áreas do mercado. Enquanto um setor pode estar em alta, outro pode estar em baixa. Ter *tradings* variados significa que você pode se beneficiar de diferentes ciclos econômicos e tendências de mercado.

4. **Estabilidade dos retornos**: um portfólio diversificado tende a apresentar uma performance mais estável ao longo do tempo. Embora você possa não alcançar o maior retorno possível de um único ativo, a diversificação pode ajudar a garantir retornos mais consistentes e menos suscetíveis a grandes flutuações.

Como diversificar eficazmente?

1. **Tradings em diferentes classes de ativos**: inclua uma combinação de ações, títulos, imóveis e, talvez, *tradings* alternativos, como *commodities* ou criptomoedas. Cada classe de ativo tem características e riscos distintos.

2. Diversificação setorial e geográfica: invista em diferentes setores da economia e considere alocar parte do seu capital em mercados internacionais. Isso pode proteger seu portfólio contra a recessão econômica em uma região específica.

3. Equilíbrio entre risco e retorno: mantenha um equilíbrio entre ativos de maior risco e ativos mais seguros. A diversificação deve ser feita considerando o seu perfil de risco e seus objetivos financeiros.

A diversificação não garante lucros nem elimina todos os riscos, mas é uma ferramenta essencial para criar um portfólio robusto e resiliente. Ao diversificar, você está essencialmente construindo uma proteção contra incertezas e garantindo que o impacto de qualquer *trade* ruim seja limitado. Adote a diversificação como uma prática constante e monitorada para alcançar um sucesso sustentável no mercado trading.

Lembre-se: "Não coloque todos os ovos na mesma cesta". Esse princípio não é apenas uma recomendação; é uma estratégia vital para garantir um crescimento estável e controlado do seu capital.

Plano de *trade*: crie um plano detalhado para cada operação, definindo seus pontos de entrada e saída, *stop loss* e objetivos de lucro. Siga seu plano com disciplina, evitando decisões impulsivas. O bom *trading* é o oposto do método "mais rápido no gatilho". É natural que os *traders* caiam na tentação de realizar *trades* fora da área de domínio. Para a sua saúde financeira, evite esses tipos de operação.

Vários aspectos da gestão de risco são essenciais:

- **Controle de risco em *trades* individuais**: vários *traders* já sofreram e amargaram grandes prejuízos simplesmente por não utilizarem um *stop* protetor. Por exemplo, Daljit Dhaliwal sofreu uma perda significativa devido à ausência de um *stop* em um *trade* impulsivo; Amrit Sall enfrentou um grande prejuízo quando o computador dele falhou, também por não ter um *stop* definido. Michael Kean, no início da carreira, aprendeu da maneira mais difícil a importância de limitar o risco em *trades* individuais, quando uma ação em alta parou de repente e causou um grande impacto em seu portfólio. Esses *traders* aprenderam a usar *stops* de forma rigorosa para evitar repetir os mesmos erros. Jason Shapiro, que chegou a perder duas carteiras de mais de meio milhão de dólares, nunca mais entrou em um *trade* sem uma saída previamente definida.

- **Gestão de risco no nível do portfólio**: proteger-se em *trades* individuais é apenas parte do processo. É crucial também considerar a correlação entre suas posições. Quando as posições estão altamente correlacionadas, o risco do portfólio pode aumentar significativamente, mesmo que cada posição tenha um *stop*.

Trazendo isso para o *trade* do dia a dia, pense na seguinte situação: você está operando no mercado Forex e resolve comprar três ativos: USD/JPY, USD/CAD e USD/CHF. Você observou que todos esses ativos estavam em níveis de suporte e, por isso, decidiu apostar na alta deles. Algum tempo depois, sai um dado econômico que enfraquece o dólar (USD). Isso é suficiente para deixar suas três operações negativas, e, dependendo de onde posicionou seus *stops*, você poderá ter prejuízo em todas elas. Se, em vez disso, tivesse entrado vendido em pelo menos um dos ativos, isso teria poupado dinheiro e reduzido suas perdas.

- **Gestão de risco com base no patrimônio**: mesmo com um controle rigoroso no nível das posições e do portfólio, você pode enfrentar períodos de *drawdowns* severos. Nesse caso, é importante cortar o tamanho das posições ou parar de operar quando o *drawdown* atinge certos limites. Se você começa com uma conta de cem mil dólares, pode definir, por exemplo, um limite de perda de cinco mil dólares antes de parar e reavaliar sua estratégia.

Essas práticas de gestão de risco ajudam a garantir que você não apenas sobreviva, mas prospere no mercado. Ao estabelecer limites claros e manter um controle rigoroso de suas operações, você minimiza os riscos e maximiza suas chances de sucesso a longo prazo.

TÉCNICA

A técnica engloba os métodos e as ferramentas que um *trader* utiliza para analisar o mercado e identificar oportunidades. Existem diversas técnicas disponíveis, cada uma com características próprias e níveis de complexidade. Gostaria de poder lhe dizer agora qual a certa ou a melhor. Lamento não poder corresponder às suas expectativas. Infelizmente, não existe uma fórmula única para alcançar o sucesso no mercado de especulação. Cada *trader* tem sua própria trajetória e métodos variados para obter desempenhos excepcionais. As abordagens podem variar amplamente, desde análise fundamentalista até análise técnica, ou até mesmo uma combinação de ambas, e os períodos de retenção dos *trades* podem variar de minutos a meses. O sucesso no *trading* não reside em encontrar o método certo em termos absolutos, mas sim no método que se ajuste ao seu perfil e estilo pessoal. A chave é descobrir o método que funciona melhor para você. Ninguém pode ditar qual é esse método; é um processo que você deve explorar e descobrir por si mesmo. O que não impede que eu liste a seguir as abordagens mais utilizadas no mercado, de forma separada ou em associações:

- **Análise técnica:** baseia-se na análise de gráficos e indicadores para identificar padrões e tendências no mercado.
- **Análise fundamentalista:** foca a análise dos fundamentos econômicos e financeiros das empresas e ativos, buscando identificar oportunidades de *trade* com base em seu valor intrínseco.
- ***Price action*:** concentra-se na análise do movimento dos preços, buscando identificar padrões e sinais de compra e venda.
- **Análise de fluxo de ordens:** visa identificar o comportamento dos grandes *players* do mercado, acompanhando o fluxo de ordens de compra e venda.

ENCONTRANDO SUA ESTRATÉGIA: DESCUBRA QUAL SE ENCAIXA NA SUA PERSONALIDADE

A ganância, meu amigo, é uma armadilha poderosa. Ela o cega para os riscos, o faz apostar mais do que pode perder e o transforma em um jogador compulsivo em busca do próximo "tiro certeiro". E, acredite, no *trading*, assim como em um cassino, a casa sempre leva a melhor no final.

Mas a ganância não está sozinha nesse jogo psicológico. O medo, seu companheiro inseparável, também se manifesta de formas surpreendentes. O medo de perder, de errar, de parecer um fracasso diante dos outros. Ele o paralisa, o impede de agir nos momentos cruciais, o faz sair de operações boas antes da hora e o mantém preso em perdas cada vez maiores.

E, quando você menos espera, surge a euforia. Aquela sensação inebriante de invencibilidade após uma sequência de *trades* vencedores. "Sou um gênio do mercado!", você pensa. Mas cuidado! A euforia é traiçoeira. Ela o faz abaixar a guarda, o faz ser negligente com o gerenciamento de risco e o leva a tomar decisões impulsivas que podem colocar tudo a perder.

E é claro que não podemos nos esquecer da frustração, a companheira indesejada que o coloca para baixo após uma série de perdas. A frustração mina sua confiança, o faz duvidar de suas habilidades e o coloca em um círculo vicioso de negatividade.

É como se suas emoções fossem ondas gigantescas jogando-o de um lado para o outro em um mar revolto. E, para navegar nesse mar turbulento, você precisa de algo mais do que uma boa embarcação: você precisa de um farol para guiá-lo e de um leme firme para mantê-lo no curso certo. E é aí que entra a importância da inteligência emocional.

Mesmo a metodologia mais eficaz terá resultados limitados se não estiver alinhada com suas crenças e zonas de conforto. Para alcançar o sucesso, é essencial que você encontre uma abordagem que se encaixe bem com sua personalidade e estilo de operação. Não tenha medo de ajustar ou até mesmo mudar de método até encontrar aquele com o qual você se sinta mais à vontade para operar. Adaptar o método ao seu perfil é crucial para obter consistência e confiança no seu *trading*.

É aqui que a jornada começa a ficar interessante. Não existe uma técnica de *trade* que seja a "melhor" para todo mundo. O que funciona para mim pode não funcionar para você. O segredo é você experimentar, testar diferentes estratégias e encontrar aquela que se encaixa na sua personalidade. Mas, para lhe dar uma mãozinha, vou ajudá-lo a entender as principais características de cada estilo de *trader*:

■ ***Scalper***: se você é um cara agitado, que gosta de ação e adrenalina, o *scalping* pode ser a sua praia. O *scalper* faz várias operações por dia, buscando pequenos lucros em cada uma delas. É um estilo que exige muita concentração, agilidade e disciplina.

■ ***Day trader*:** se você prefere um ritmo mais moderado, o *day trade* pode ser a sua escolha. O *day trader* abre e fecha suas posições no mesmo dia, buscando lucrar com as oscilações do mercado ao longo do pregão.

■ ***Swing trader*:** se você tem paciência e gosta de analisar o mercado a longo prazo, o *swing trade* pode ser a sua pedida. O *swing trader* mantém suas posições abertas por dias ou semanas, buscando lucrar com movimentos de mercado mais amplos.

■ ***Position trader*:** se você é um cara de visão, que acredita no longo prazo, o *position trade* pode ser a sua estratégia. O *position trader* mantém suas posições abertas por meses ou até anos, buscando lucrar com as grandes tendências do mercado.

Algumas perguntas relacionadas à sua personalidade podem auxiliar e ser úteis para descobrir um pouco mais sobre você e, consequentemente, a técnica ou as técnicas que sejam melhores para você como *trader*.

- Qual o seu nível de tolerância ao risco?

	1	2	3	4	5	6	7	8	9	10	
Pouco tolerante	◯	◯	◯	◯	◯	◯	◯	◯	◯	◯	Pouco Muito

- Quanto tempo você pode dedicar ao trading por dia?

- Qual o seu objetivo no mercado financeiro?

- Você prefere operar a curto, médio ou longo prazo?

- Você gosta de ação e adrenalina, ou prefere um ritmo mais calmo?

Com base nas suas respostas, você pode ter uma ideia de qual estilo de *trader* se encaixa melhor no seu perfil. Mas lembre-se: a melhor forma de descobrir é testando e experimentando na prática. E nada impede que, ao longo do caminho, se for preciso, você mude de método até achar o certo. Você pode começar como um *trader* técnico, passar para um fundamentalista e, por fim, descobrir que a análise de fundamentos com *input* técnico funciona melhor para você.

“Eu não tenho um método único para o sucesso. O que eu faço é adaptar e moldar minha abordagem com base em minha própria análise e experiência.”

Warren Buffett

(Investidor, filantropo americano e CEO da Berkshire Hathaway)

Capítulo 2

Psicologia: a arena interior do *trader*

Você já parou para pensar que, no *trading*, o seu maior adversário não é o mercado, mas sim você mesmo? É isso aí! As batalhas mais difíceis que você vai travar nessa jornada acontecem dentro da sua mente. A psicologia é a chave. O difícil não é negociar com ações, mas lidar com a própria mente, e ela pode nos levar para lugares desconhecidos e perigosos, principalmente quando você ainda não tem o domínio necessário sobre ela. Você tem que entender que tudo é uma questão de treino, um estilo de vida, que, mesmo quando você não está na frente da tela do computador, o que manda é a sua mente. Quando eu vi, lá atrás, logo no início do meu contato com o mundo do *trade*, quando eu ainda confirmava a presença das pessoas para as palestras por telefone e, em um piscar de olhos, pude ver no computador de um *trader* (no caso, o Carlos) aqueles 33 mil dólares, meu mundo se abriu. Era a prova de que o sucesso no *trading* era real, mas também despertou em mim uma sede insaciável por dinheiro e reconhecimento.

No mundo acelerado do *trading*, onde gráficos piscam, números dançam e fortunas podem ser feitas ou perdidas em um *flash*, é fácil se deixar levar pela adrenalina, pela promessa de riqueza rápida e pela ilusão de que o sucesso depende apenas de uma boa estratégia. Mas a verdade, meu amigo, é que a chave para a vitória no *trading* não está em um *setup* mágico ou em um indicador infalível. Ela reside em um território muito mais profundo e complexo: a sua própria mente. É preciso se conhecer, assumir para você mesmo os seus pontos fracos, trabalhar um por um e treinar.

Imagine o mercado como um ringue de boxe. De um lado, você, com seus conhecimentos, suas estratégias e ferramentas. Do outro, o mercado, implacável e imprevisível, pronto para desafiá-lo a cada movimento. A luta é intensa, exige agilidade, inteligência e, acima de tudo, resistência. Mas o golpe mais perigoso não vem do seu adversário. Ele surge de dentro, de um inimigo silencioso e traiçoeiro: suas próprias emoções.

"Quanto mais você se organiza do lado de dentro, mais a vida se organiza do lado de fora."

Quem na vida não conhece alguém que vive em dieta, talvez até você mesmo em constante luta contra o peso, mas não resiste a uma fatia de bolo ou um doce? Ou alguém que quer juntar dinheiro para viajar ou comprar um carro, mas acaba sucumbindo à compra de uma roupa nova?

O prazer instantâneo de comer é mais forte para essa pessoa do que a satisfação duradoura de perder peso e colher os benefícios para a saúde ou o prazer da roupa nova fala mais alto. Essas analogias lembram muitos *traders* que constantemente afirmam querer ganhar dinheiro, mas continuam a fazer negociações impulsivas, cedendo ao impulso momentâneo de especular nos mercados.

As pessoas muitas vezes se enganam e brincam consigo mesmas. Enganar os outros é ruim, mas enganar a si mesmo é ainda mais insensato. Assim como há muitos livros sobre dietas e ainda vemos tantas pessoas lutando com o peso, ou livros motivacionais para manter o foco, o mercado está cheio de *traders* que não seguem a disciplina que professam.

Este livro vai ensiná-lo a analisar os mercados, negociar com ações e lidar com sua própria mente. No entanto, eu só posso fornecer o conhecimento necessário. A motivação para aplicar esse conhecimento e transformar suas ações vem exclusivamente de você.

A verdade nua e crua é que a verdadeira chave para operar no mercado é a psicologia! Essa foi uma das lições mais importantes que aprendi ao longo da minha trajetória. Lembro-me da época em que liderei o grupo de dança na igreja. Apesar da pouca idade, eu me vi responsável por unir e motivar pessoas com diferentes personalidades e objetivos.

Tive de aprender a lidar com as expectativas, frustrações e conflitos inerentes a qualquer grupo. Descobri que, para alcançar o sucesso, era fundamental criar um ambiente de confiança e respeito, em que cada membro se sentisse valorizado e motivado a dar o seu melhor.

No *trading*, a analogia é perfeita. Você precisa se tornar o líder da sua própria mente, criando um ambiente interno propício ao sucesso. Isso significa controlar as emoções negativas, alimentar pensamentos positivos e manter o foco nos seus objetivos, mesmo diante dos desafios.

As operações podem ser baseadas em qualquer método — análise técnica, análise fundamentalista, tendências econômicas e políticas, até aqueles palpites sobre "informação privilegiada" ou, quem sabe, simplesmente uma boa dose de fé! Mas aqui está o grande truque: nada disso importa se a sua mente não estiver no jogo, e, para isso, você precisa se conhecer. Ah, você pode estar se dizendo agora: "Claro que eu me conheço!". Baseado na teoria da Pirâmide de Aprendizagem desenvolvida pelo psiquiatra norte americano William Glasser, conhecido por diversos estudos a respeito de saúde mental e comportamento humano na área da educação, eu proponho a você, leitor, um exercício para saber o quanto você se conhece. Esse estudo trouxe uma mudança no paradigma do ensino: em vez de adotar o estilo expositivo, no qual o estudante é um agente passivo no processo de aprendizagem, apenas recebendo os conteúdos, a teoria estimula a participação ativa do aluno para a construção do conhecimento.

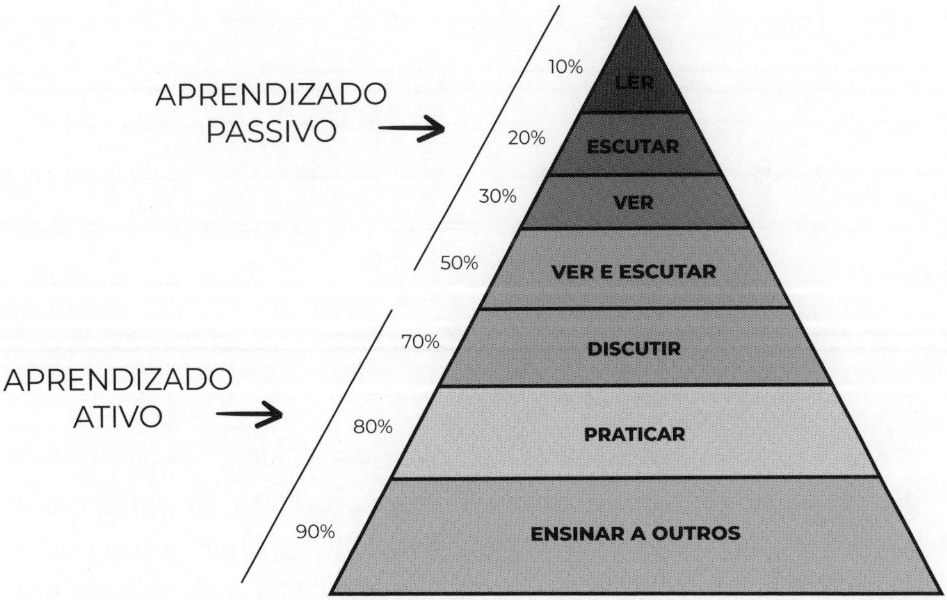

Pirâmide da Aprendizagem de William Glasser

ENTÃO MÃOS À OBRA

Liste abaixo alguns traços da sua personalidade que você considera negativos, que podem comprometer a sua vida em geral e, como consequência, a sua enquanto *trade*r, por exemplo, teimosia, impulsividade etc.:

Você consegue se lembrar de como se sentiu na última vez que fez uma ordem de compra ou venda? Se estava ansioso para agir ou petrificado de medo de perder? Hesitou antes de pegar o telefone, ou se atirou sem pensar? E, quando fechou a operação, estava se sentindo no topo do mundo, ou totalmente envergonhado?

Aqui está o ponto crucial: os mercados são movidos por essas ondas emocionais. O que você sente, a maneira como reage, tudo isso cria um impacto real nos preços e nas flutuações do mercado. As emoções de milhares de *traders* se misturam e geram essas grandes ondas psicológicas que movem o mercado.

Então, se você quer realmente se destacar, precisa dominar a sua própria psicologia! É o seu estado mental que fará a diferença entre o sucesso e o fracasso. Encare suas emoções, controle sua mente e use isso a seu favor! A falta da capacidade de gerenciar a si mesmo leva à má gestão do dinheiro investido.

Se sua mente não estiver alinhada com os mercados ou se você ignorar as mudanças na psicologia das massas, estará fadado ao fracasso nas operações. Os *traders* bem-sucedidos compreendem profundamente a importância da psicologia no trading, enquanto os amadores frequentemente a ignoram.

Tanto na psicologia quanto no *trading*, há um princípio crucial: a necessidade de encarar a realidade como ela é, não como gostaríamos que fosse. Para ter uma vida saudável, é preciso ter uma visão clara da realidade. Da mesma forma, para se destacar no mercado, você deve operar com clareza, reconhecer tendências e reversões genuínas, e não desperdiçar tempo e energia em arrependimentos ou ilusões. Mantenha seus olhos abertos para a realidade e seus braços prontos para agir com base nela!

"Os maiores problemas em operar no mercado não são causados por falta de conhecimento ou estratégia, mas pela dificuldade de dominar suas próprias emoções e manter a disciplina."

Alexander Elder

(Psiquiatra, escritor e investidor)

Vamos refletir um pouco: você já notou que as pessoas que acabam batendo o carro geralmente são aquelas que estão superconfiantes e assumem mais riscos? Já um motorista cauteloso, que segue as regras e dirige com prudência, raramente se envolve em acidentes. A mesma lógica se aplica ao *trading*.

Para ter sucesso no mercado, você precisa tratar suas operações como um empreendimento intelectual sério. Fazer *trading* com emoção é um caminho direto para o fracasso. Um bom *trader* deve cuidar do seu capital com a mesma atenção e precaução que um motorista prudente dedica às regras de segurança. Ao reduzir os riscos e manter um senso firme de controle, você vai fortalecer sua estratégia e alcançar resultados mais sólidos. Afinal, as chances estão contra você. A maioria dos operadores de mercado perde dinheiro e some do mercado, em geral, por emoção e falta de sensatez nas negociações, mas não posso deixar de citar aqui também que o mercado está de fato ajustado para que a maioria dos *traders* perca dinheiro. Então, seja meticuloso, mantenha a calma e jogue de forma inteligente!

EMOÇÕES: O CALCANHAR DE AQUILES DO *TRADER*

Somos seres emocionais. O medo, a ganância, a euforia e a frustração fazem parte da nossa natureza. No entanto, no *trading*, essas emoções, que em outros contextos podem ser até mesmo benéficas, se transformam em verdadeiras armadilhas, capazes de sabotar o *trader* mais experiente.

Medo: o medo é um instinto primitivo, essencial para a nossa sobrevivência. Ele nos alerta do perigo, nos protege de ameaças e nos mantém em segurança. No entanto, no *trading*, o medo se manifesta de forma distorcida, paralisando-nos diante de oportunidades e nos levando a tomar decisões irracionais.

Você já parou para pensar por que, quando sabemos nadar, flutuamos, e, quando não sabemos, afundamos? Porque o medo pesa.

A única maneira de nos libertarmos do medo e sermos verdadeiramente felizes é reconhecê-lo e olhar profundamente para a origem dele. Devemos deixar de querer escapar do medo, deixemos que ele surja em nossa consciência e o olhemos direto e atentamente nos olhos.

O medo nos mantém presos ao passado ou preocupados com o futuro. Mas, se reconhecermos o nosso medo, perceberemos que neste momento estamos bem. O primeiro passo para podermos olhar para o medo consiste justamente em permitir que ele surja, sem julgá-lo, em nossa consciência. Basta reconhecer educadamente que ele está aqui. Isso, por si só, é muito libertador. Nosso maior medo é que, ao morrermos, nos tornaremos nada.

Quando entendemos que somos mais do que o nosso corpo físico, que não viemos do nada e que não desaparecemos do nada, ficamos livres do medo.

Reconhecer e cuidar do medo interno é o primeiro passo para abandoná-lo. Quando nos inspiramos dizendo "estou em casa" e nos sentimos realmente em casa, o medo desaparece, e não precisamos mais fugir. O mestre Zen Linji Yixuan, fundador da escola chinesa de budismo Ch'na, disse: "O milagre não é andar sobre a água ou o fogo. O milagre consiste em caminhar na terra". Nosso corpo está aqui, mas nossa mente está em outro lugar. Muitas pessoas vivem esquecidas do próprio corpo e em um mundo imaginário; elas têm tantos planos, medos, preocupações e tantos sonhos que não conseguem viver no próprio corpo. Volte ao seu corpo e fique no presente. Olhe ao seu redor e veja o milagre se desenrolando diante de você no momento presente. Quando pisa em terreno sólido, você enfrenta suas necessidades diretamente, e elas começam a se dissipar.

- **Medo de perder:** o medo de perder dinheiro é o mais comum entre os *traders*. Ele nos faz hesitar em entrar em operações, mesmo com sinais claros de compra ou venda. Leva-nos a sair de *trades* vencedores antes do tempo, por medo de que o mercado se vire contra nós, e nos faz ignorar sinais de alerta, agarrando-nos a posições perdedoras na esperança de que a situação se reverta.

- **Medo de errar:** o medo de errar nos paralisa, nos impede de agir e de aprender com nossos erros. No *trading*, errar é inevitável. Cada erro, cada *loss* é uma lição a ser aprendida. Mas o medo nos faz evitar o risco, nos faz querer ter certeza absoluta antes de tomar qualquer decisão, o que no *trading* é simplesmente impossível.

- **Medo do sucesso:** por mais contraditório que pareça, o medo do sucesso também existe. Ele se manifesta como uma insegurança, uma sensação de que não somos merecedores do sucesso, que não estamos preparados para lidar com as responsabilidades que ele traz. Esse medo nos leva a nos autossabotarmos e a inconscientemente buscar a falha para confirmar nossas crenças limitantes.

- **Ganância:** a ganância, assim como o medo, é um instinto poderoso, que nos impulsiona a buscar mais, a acumular recursos e a garantir a nossa sobrevivência. Mas, no *trading*, a ganância se torna um desejo desenfreado por lucro, uma fome insaciável que nos leva a tomar decisões irracionais, a arriscar mais do que devemos e a comprometer todo o nosso capital.

- **Busca por lucros rápidos:** a promessa de lucros rápidos e fáceis é uma das maiores armadilhas do *trading*. A ganância nos cega para os riscos, nos faz acreditar que podemos ficar ricos da noite para o dia, sem esforço, sem disciplina. Essa busca por atalhos nos leva a ignorar a gestão de risco, a entrar em operações sem planejamento e a acabar com a conta zerada.

■ **Aumento excessivo do risco:** a ganância nos faz aumentar o risco a cada *trade* vencedor, na ilusão de que a sorte está ao nosso lado, de que somos imbatíveis. Mas o mercado é implacável, e a qualquer momento a maré pode virar, levando consigo todo o nosso lucro e até mesmo o nosso capital inicial.

■ **Negação da realidade:** a ganância nos impede de enxergar a realidade do mercado, de reconhecer os nossos erros e de aprender com eles. Ela nos faz acreditar que sempre estamos certos, que o mercado está errado, que a culpa é sempre de fatores externos. Essa negação nos impede de evoluir como *traders* e nos mantém presos a um ciclo de perdas e frustrações.

■ **Euforia:** a euforia é um estado de excitação, de entusiasmo, que surge após uma sequência de *trades* vencedores. É uma sensação deliciosa, inebriante, que nos faz sentir no topo do mundo, invencíveis. Mas a euforia, assim como o álcool, distorce a nossa percepção, nos faz perder a noção dos limites e nos leva a agir de forma imprudente.

■ **Excesso de confiança:** a euforia nos leva a um excesso de confiança, a acreditar que somos gênios do mercado, que a nossa estratégia é infalível e que podemos operar sem disciplina. Esse excesso de confiança nos faz aumentar o risco, entrar em operações sem planejamento e ignorar os sinais de alerta, o que, inevitavelmente, nos leva a grandes perdas.

■ **Impulsividade:** a euforia nos torna impulsivos, impacientes. Queremos entrar em todas as operações, queremos ganhar mais e mais, sem esperar pelas melhores oportunidades, sem analisar os riscos. A impulsividade nos leva a tomar decisões precipitadas, sem pensar nas consequências.

■ **Negação do risco:** na euforia, nós nos tornamos cegos para o risco. Acreditamos que o mercado sempre vai se mover a nosso favor, que a nossa sorte nunca vai acabar.

■ **Frustração:** a frustração é a sombra da euforia. Ela surge após uma sequência de *trades* perdedores, levando-nos a questionar a nossa capacidade, a duvidar do nosso método e a sentir raiva, impotência, desânimo. A frustração, se não for controlada, pode nos levar a um círculo vicioso de perdas e autossabotagem.

- **Dúvida e insegurança:** a frustração nos leva a duvidar da nossa capacidade, a questionar a eficácia da nossa estratégia e a nos sentirmos inseguros para operar no mercado. Essa insegurança nos paralisa, nos faz hesitar em entrar em novas operações e nos leva a perder oportunidades.
- **Revanchismo:** a frustração nos leva ao revanchismo, a querer recuperar o que foi perdido de forma rápida e impulsiva. Entramos em operações sem planejamento, aumentamos o risco, na esperança de que a sorte vire a nosso favor, mas o revanchismo só nos leva a novas perdas, afundando-nos ainda mais no buraco.
- **Desistência:** a frustração, se não for controlada, pode levar à desistência. Quando nos sentimos incapazes de vencer, quando a dor da perda se torna insuportável, a desistência parece ser a única saída, mas desistir é negar a si mesmo a oportunidade de aprender, de evoluir e de alcançar o sucesso.

Lembro-me de quando, ainda adolescente, frequentava um colégio marcado pela violência. A cada dia, era um desafio sobreviver naquele ambiente hostil, em que a ameaça era constante. Para me proteger, busquei refúgio em um grupo, uma espécie de "gangue" que me proporcionava segurança.

Nunca me envolvi com drogas ou armas, mas a simples associação com aquele grupo me blindava e me permitia transitar por aquele ambiente sem ser alvo fácil.

Essa experiência me ensinou, de forma dura, a importância de controlar o medo, de analisar friamente os riscos e de tomar decisões estratégicas para garantir minha segurança. No *trading*, essa lição se mostrou ainda mais valiosa.

O medo, se não controlado, pode nos paralisar e nos impedir de agir nos momentos cruciais, mas ele também pode ser um aliado, um sinal de alerta que nos impulsiona a buscar proteção e a agir com cautela.

Assim como aprendi a navegar naquele ambiente hostil, no *trading* é preciso desenvolver a habilidade de identificar os perigos, avaliar os riscos e tomar decisões racionais, mesmo sob pressão.

A disciplina, a paciência e o autoconhecimento, combinados com uma gestão de risco eficiente, formam a blindagem que o protegerá dos golpes do mercado e o permitirá trilhar o caminho rumo ao sucesso.

PSICOLOGIA INDIVIDUAL

Chegamos ao mercado vindos de diferentes origens e carregando a bagagem mental formada pelas nossas experiências passadas e criação. Quase todos nós achamos que, se atuarmos no mercado da mesma forma que agimos na nossa vida pessoal, acabaremos perdendo dinheiro.

Seu sucesso ou fracasso no mercado está profundamente ligado aos seus pensamentos e sentimentos. Depende de como você lida com os ganhos e os riscos, o medo e a cobiça, e de como gerencia a empolgação e o estresse das negociações.

O ponto crucial é que seu sucesso no mercado depende da sua capacidade de usar a razão em vez de se deixar dominar pelas emoções. Um *trader* que fica eufórico quando ganha e deprimido quando perde não conseguirá acumular riqueza, pois se deixa levar pelas emoções. Se você deixar que o mercado controle seus sentimentos de euforia e desespero, perderá dinheiro.

Assim como minha mãe, com sua força e resiliência, me ensinou a enfrentar as adversidades da vida, no *trading*, você precisa desenvolver a capacidade de se levantar após as quedas, aprender com os erros e seguir em frente com ainda mais determinação.

O mercado vai testá-lo, vai colocá-lo à prova. Haverá momentos de euforia, de ganhos fáceis, que o farão se sentir invencível, mas também haverá momentos de frustração, de perdas dolorosas, que o farão duvidar de si mesmo.

A chave para o sucesso está em manter o equilíbrio emocional, não se deixar levar pelos extremos e encarar cada desafio como uma oportunidade de aprendizado.

Para vencer no mercado, é essencial conhecer a si mesmo e agir com frieza e responsabilidade. A dor da perda pode levar muitos a buscar soluções mágicas, mas muitas vezes essas pessoas acabam descartando o que poderia ser útil baseando-se em sua experiência profissional e de negócios.

Lembre-se: o mercado é como um mar revolto, com suas oscilações constantes, independentemente do que você deseja. Você pode ficar animado quando compra uma ação que sobe, ou sentir medo quando está vendido e o mercado sobe, minando seu patrimônio a cada alta. Esses sentimentos não têm relação com o mercado em si; estão dentro de você.

O mercado não se importa com a sua existência. Você não pode influenciá-lo, mas pode controlar seu próprio comportamento. Concentre-se em gerenciar suas reações e mantenha o foco no que você pode controlar. Jamais se consegue controlar o mercado, mas se aprende a controlar a si mesmo.

Se as operações no mercado o fazem se sentir empolgado ou com medo, você com certeza não irá conseguir utilizar a razão. O *trader* profissional bem-sucedido deve usar a cabeça e manter-se calmo. Somente os amadores podem ficar alegres ou deprimidos com as *trades*. Você, enquanto *trader*, não pode nunca se permitir não controlar as emoções.

Um premiado *trader*, investidor, consultor financeiro e autor de vários livros sobre *trading*, famoso por popularizar a ideia de "psicologia de *trading*", escreveu:

> "Se o comportamento do mercado parece misterioso para você, é porque seu próprio comportamento é misterioso e inadministrável. Você realmente não consegue determinar o que o mercado fará em seguida, se nem mesmo souber como você agirá em seguida."

Em última instância, "a única coisa que você consegue controlar é a si mesmo. Como operador de mercado, você tem o poder de dar dinheiro para si mesmo ou dar dinheiro para os outros operadores de mercado". E acrescentou: "Os operadores de mercado capazes de ganhar dinheiro de maneira consistente [...] atuam sob a perspectiva de uma disciplina mental". Cada *trader* com certeza tem seus próprios traumas e mazelas a serem trabalhados, na tentativa de se tornar um *trader* profissional bem-sucedido. Algumas regras podem ajudá-lo nessa caminhada na construção da sua mentalidade para atuar no *trading*:

- **Comprometa-se com o mercado a longo prazo**: decida que sua presença no mercado é para o futuro.

- **Busque conhecimento de forma crítica**: aprenda o máximo que puder. Leia e ouça os especialistas, mas mantenha um nível saudável de ceticismo. Questione e não aceite tudo o que é dito sem uma análise crítica.

- **Evite pressa e ambição excessiva**: não se apresse para aprender ou para fazer operações. Os mercados estarão aqui, oferecendo novas oportunidades nos próximos meses e anos.

■ **Crie um sistema de análise de mercado**: desenvolva uma abordagem para prever o mercado, como: "Se A acontecer, então é provável que B também aconteça". Use uma variedade de métodos para analisar o mercado e confirme suas operações com dados históricos e testes ao vivo com dinheiro real. Os mercados mudam constantemente, então você precisará de diferentes estratégias para diferentes condições de mercado e fases de transição.

■ **Elabore um plano de gestão financeira**: foque primeiro a preservação do capital a longo prazo, depois o crescimento constante e, finalmente, a maximização dos lucros. Muitos *traders* priorizam o lucro rápido e negligenciam os objetivos de longo prazo e o crescimento estável.

■ **Reconheça suas vulnerabilidades como *trader***: entenda que você pode ser o ponto fraco do seu sistema de negociação. Considere participar de grupos de apoio ou criar seu próprio método para evitar decisões impulsivas e minimizar perdas.

■ **Transforme-se para vencer**: os vencedores têm uma mentalidade e comportamentos distintos dos perdedores. Olhe para dentro de si mesmo, abandone ilusões e transforme suas antigas formas de pensar e agir. Mudança pode ser difícil, mas, para se tornar um *trader* profissional, você deve estar disposto a alterar sua personalidade e seu comportamento.

PSICOLOGIA DE MASSA

O sucesso ou fracasso de um operador de mercado depende da capacidade dele de lidar com os preços. Logo, saber o significado de preço é importante, porque os operadores de mercado que não têm uma definição clara de preço não serão capazes de saber o que estão analisando. É preciso saber o que analisar antes de sair comprando ou vendendo no mercado. Preço é, por assim dizer, uma percepção de valor, a interseção das curvas de oferta e demanda.

O mercado é como uma grande assembleia de pessoas, conectadas por laços frágeis, que fazem apostas sobre a direção dos preços. Cada preço reflete o consenso da assembleia no momento da transação, o que significa que todos os *traders* estão, essencialmente, apostando no humor da multidão para o futuro. Essa multidão está constantemente se movendo entre otimismo, apatia e pessimismo, ou entre esperança e desespero. Muitas pessoas acabam não seguindo seus próprios planos de negociação porque são influenciadas pelos sentimentos, pelos pensamentos e pelas ações da multidão.

No mercado, os touros e os ursos estão em constante confronto, e o valor dos *trades* flutua conforme as ações de agentes externos. Você não tem controle sobre o mercado; você apenas decide quando e se deve entrar ou sair de uma posição.

A maioria dos *traders* fica nervosa ao iniciar uma operação, e as decisões são prejudicadas pelas emoções quando se juntam à multidão do mercado. Essas emoções, alimentadas pela massa, podem desviar os *traders* dos próprios planos e levar a prejuízos financeiros.

Ao analisar o mercado, na verdade, estamos observando o comportamento coletivo das pessoas. Em diferentes culturas e em todos os continentes, as massas se comportam de maneira similar. Psicólogos sociais identificaram diversas regras que regem a maneira como as multidões agem. Para ser um *trader* eficaz, é crucial entender como essas dinâmicas de grupo afetam sua própria mentalidade.

A maioria das pessoas sente uma necessidade urgente de se juntar à multidão e "seguir o que todo mundo está fazendo". Esse impulso primitivo pode obscurecer seu julgamento quando iniciam uma negociação no mercado. Faça um teste e terá a prova social disso. Pare por um instante debaixo de um prédio e comece a olhar para cima, em poucos minutos verá que um número considerável de pessoas se reunirá em torno de você ou até mesmo do outro lado da rua e olhará para cima quase que por instinto, em um comportamento primitivo de seguir o que a maioria das pessoas está fazendo. O mesmo ocorre no mercado, a maioria das pessoas não segue os próprios planos de negociação, mas deixa que a multidão influencie seus sentimentos, pensamentos e ações.

Um *trader* bem-sucedido deve cultivar a independência de pensamento. É essencial ter a força para analisar o mercado de forma autônoma e tomar decisões com base em suas próprias conclusões, mesmo que isso vá contra a corrente.

Reconheça a influência da multidão, mas não deixe que isso o intimide. Embora as massas sejam poderosas, seu comportamento tende a ser simples e repetitivo. Um *trader* que pensa por conta própria tem a chance de obter lucro explorando as ações impulsivas dos outros membros da multidão.

Conclusão: a palavra-chave é independência.

Para ter sucesso, você deve seguir um plano *trade* bem estruturado, em vez de reagir impulsivamente a cada flutuação nos preços. É fundamental ter clareza sobre as condições que determinam quando entrar ou sair de uma posição específica. Evite tomar decisões apressadas sob pressão ou quando estiver suscetível a se deixar levar pela influência da multidão.

"Você deve ser um pouco louco para operar nos mercados, mas, mais importante, deve ter a coragem de seguir seu próprio caminho, mesmo quando a multidão está indo na direção oposta."

Paul Tudor Jones

(Lendário investidor e CEO da Tudor Investment Corporation)

ROMPENDO AS CORRENTES EMOCIONAIS: O CAMINHO PARA A LIBERDADE NO *TRADING*

Dominar as emoções não significa suprimi-las. É impossível desligar nossos sentimentos, e tentar fazê-lo só irá gerar mais frustração e ansiedade. O caminho para a liberdade no *trading* está em reconhecer as nossas emoções, entender como elas influenciam as nossas decisões e aprender a controlá-las para que não sabotem o nosso sucesso.

DESENVOLVENDO A MENTALIDADE DE UM *TRADER* DE SUCESSO

A jornada para se tornar um *trader* consistente exige muito mais do que apenas conhecimento técnico. É preciso desenvolver uma mentalidade vencedora, uma fortaleza mental capaz de resistir aos desafios do mercado e às armadilhas das emoções.

1. Disciplina: a disciplina é a base de tudo. É seguir o seu plano de *trading* com rigor, sem exceções. É respeitar o *stop loss*, mesmo quando a tentação de segurar a posição é grande. É saber a hora de entrar e sair do mercado, sem se deixar levar pela euforia ou pelo medo.

■ **Crie um plano de *trading* detalhado:** defina suas estratégias, seus pontos de entrada e saída, seu *stop loss*, seu gerenciamento de risco, seus objetivos de lucro. Tenha tudo documentado, claro e objetivo.

■ **Siga o plano à risca:** não importa o que aconteça, siga o seu plano com disciplina. Não deixe que as emoções do momento o desviem da sua estratégia.

■ **Revise e adapte o plano:** o mercado está em constante mudança, e seu plano de *trading* também precisa evoluir. Revise seu plano periodicamente, faça ajustes e adaptações de acordo com sua experiência e com as mudanças do mercado.

2. Paciência: a paciência é a virtude dos *traders* vencedores. O mercado não se move de acordo com a nossa vontade, e a pressa por resultados só nos leva a cometer erros. É preciso ter paciência para esperar as melhores oportunidades, para deixar o *trade* se desenvolver e para colher os frutos do seu trabalho no longo prazo.

"Grave isto: o dinheiro sempre sai das mãos dos impacientes e encontra refúgio no bolso dos pacientes."

■ **Evite a busca por lucros r**ápidos: no *trading*, a pressa é inimiga da perfeição. A busca por lucros rápidos e fáceis só o levará a assumir riscos desnecessários e a comprometer seu capital.

■ **Foco no longo prazo:** o sucesso no *trading* é um processo gradual, que exige tempo, dedicação e paciência. Concentre-se em construir uma base sólida, em aprimorar suas habilidades e em desenvolver uma estratégia consistente. Os lucros virão como consequência.

■ **Aprenda com as esperas:** as esperas fazem parte do *trading*. Use esse tempo para estudar, para analisar o mercado, para aprimorar sua estratégia. Não se deixe levar pela ansiedade ou pela frustração. A paciência é uma arma poderosa nas mãos de um *trader*.

3. Autoconhecimento: é fundamental para dominar as emoções no *trading*. É olhar para dentro de si mesmo, identificar seus pontos fortes e fracos, suas reações aos diferentes cenários do mercado e seus padrões de comportamento que levam a erros.

■ **Mantenha um diário de *trading*:** anote suas operações, suas emoções, suas análises, seus erros e seus acertos. O diário de *trading* é uma ferramenta poderosa para identificar padrões de comportamento e ajudá-lo a entender como suas emoções influenciam suas decisões. **Busque *feedbacks*:** converse com *traders* mais experientes, peça *feedbacks* sobre suas operações, sobre sua forma de operar. Uma visão externa pode ajudá-lo a identificar pontos cegos e a aprimorar sua estratégia. **Mas atenção:** busque apenas críticas construtivas de quem já construiu algo significativo.

- **Pratique a auto-observação:** preste atenção em suas emoções durante o pregão. Como você se sente quando está em um *trade* vencedor? E quando está em um *trade* perdedor? Que pensamentos passam pela sua cabeça? Identificar seus padrões emocionais lhe dará o poder de controlá-los.

Além de tudo o que eu disse anteriormente, eu costumo dizer que o mundo do *trade* para mim é fascinante. Sabe por quê? Eu sempre faço uma analogia para melhor explicar essa afirmação. Algumas pessoas, talvez até mesmo você, já passaram por uma entrevista para conseguir o visto americano, e tiveram seu visto negado, sem saberem por quê, nem onde teve falha, se é que teve. Enfim, só lhes restou aceitar, tentar outra vez, depois de algum tempo, sem saber o que se deveria corrigir, já que os erros são desconhecidos.

Ao contrário, no mundo do *trading,* quando alguém quebra, tem um porquê e aí, basta voltar à operação, ver onde estão os erros, anotá-los e, a partir daí, tentar não mais cometê-los. É ou não fascinante? Para elucidar esse milagre, eu, em geral, cito João 8.11: "E Jesus disse: 'Eu também não a condeno. **Vá embora e não peque mais**'".

Dominar a mente é um processo desafiador, mas recompensador. É uma jornada de autodescoberta, de superação e de crescimento. Ao controlar as emoções, você deixa de ser refém do mercado e se torna o mestre do seu próprio destino.

Capítulo 3

Gestão de risco: a arte da sobrevivência e multiplicação no *trading*

A maioria das pessoas, especialmente os *traders* iniciantes, acredita que alcançar sucesso no *trading* depende apenas do ponto de entrada, tratando a gestão de risco como algo secundário, isso quando a consideram. No entanto, *traders* bem-sucedidos entendem que controlar os riscos é fundamental, pois, para vencer, é preciso manter-se ativo no mercado. Mesmo que você seja habilidoso na escolha de *trades,* uma gestão de risco inadequada pode levá-lo a um *trade* em que você esteja completamente errado, o que pode zerar sua carteira.

"Não coloque todos os ovos em uma única cesta".

Warren Buffett

(Investidor renomado e CEO of Berkshire Hathaway)

Essa frase célebre de Buffett reflete a importância da gestão de risco, de diversificar e gerenciar riscos para proteger o capital e reduzir a exposição a perdas significativas.

Enquanto muitos se encantam com a promessa de fortuna rápida, os verdadeiros mestres do *trading* sabem que a gestão de risco é o alicerce sobre o qual se constrói um império nos mercados. Não se trata apenas de evitar perdas, mas sim de proteger o capital arduamente conquistado — aquele que, assim como eu buscava a independência vendendo latinhas na infância, construiu com suor e disciplina sabe bem do que eu estou falando. Somente dominando a arte da preservação você poderá partir para a multiplicação inteligente e consistente dos seus recursos.

Em uma das lives da mentoria, um mentorado levantou um ponto muito importante: a questão da diversificação como forma de proteger o capital. Ele mencionou que, no passado, concentrava todos os seus *trades* em um único ativo, e uma queda brusca nesse ativo gerou um grande prejuízo. "Jack", ele disse, "aprendi da pior maneira que diversificar é essencial para proteger o patrimônio e evitar perdas catastróficas". A experiência do Fábio reforça a importância de não colocar todos os ovos na mesma cesta, distribuindo seus *trades* em diferentes classes de ativos para diminuir os riscos.

Imagine a gestão de risco como os tijolos que meu pai cuidadosamente escolhia para construir casas (sim, meu pai era pedreiro). Cada decisão sobre o quanto arriscar, onde colocar o *stop loss* e como diversificar seu portfólio é como um tijolo que, posicionado estrategicamente, contribui para a solidez da sua estrutura no mercado financeiro. Ignorar a gestão de risco é como construir um castelo de cartas: basta um sopro do mercado para que tudo desabe, assim como uma casa sem fundação, que, ao primeiro vento forte, vem ao chão.

Em um dos encontros presenciais com a minha mentoria, estava discutindo com os mentorados a importância do *stop loss* como ferramenta de proteção do capital. Foi quando um deles, um aluno dedicado e atento, confessou que, no passado, tinha dificuldade em utilizar o *stop loss*. "Jack", ele disse, "eu me apegava às minhas posições e esperava que o mercado revertesse a meu favor, o que me levava a ter grandes prejuízos. Hoje, eu entendo que o *stop loss* é fundamental para limitar as perdas e para garantir a minha sobrevivência no mercado, como um seguro que me protege dos grandes tombos". A experiência desse mentorado mostra como o medo de perder pode levar à tomada de decisões irracionais e como a disciplina em usar o *stop loss* pode ser libertadora.

"Sei por onde vou sair antes mesmo de entrar."

Bruce Kovner

(Um dos *traders* mais admirados do mundo dos investimentos)

A gestão eficiente de riscos é um dos principais ensinamentos de Bruce Kovner. Para ele, é ela quem garante que os negócios sejam realizados de maneira segura e eficaz. Para Kovner, o sucesso de um *trader* está diretamente ligado à capacidade e disciplina no controle dos riscos, assim como no plano de operações. O escritor Jack D. Schwager compartilha da mesma ideia. No livro *Os magos desconhecidos do mercado financeiro*, ele afirma que, se tivesse de se limitar a uma única frase para dar conselhos sobre *trading*, seria essa frase de Kovner, porque ela é capaz de captar 90% da gestão de risco com uma receita simples. Ao definir o ponto de saída antes de realizar um *trade* e segui-lo rigorosamente, por exemplo, usando uma ordem de *stop loss*, você limita o prejuízo a um nível previamente estabelecido (exceto em casos de *gaps* que ultrapassem o seu *stop*). Esse método é recomendável porque você decide o ponto de saída quando ainda está totalmente objetivo — antes de iniciar o *trade*. Uma vez que a operação começa, a sua objetividade pode ser comprometida pelas emoções.

GESTÃO DAS EMOÇÕES

Quando eu falo de gestão nas minhas mentorias, não estou falando somente sobre gestão técnica ou financeira, mas sobre gestão emocional. Operar nos mercados pode ser tão emocionante que, para muitos iniciantes, é como uma nova aventura que traz uma sensação de euforia. Para esses *traders*, uma operação pode parecer uma entrada para um espetáculo grandioso ou uma grande competição esportiva. No entanto, operar nos mercados é muito mais caro e complexo do que apenas ir a um evento.

A euforia e a emoção não são aliadas do sucesso no *trading*. Na verdade, essas emoções podem ser grandes obstáculos para o desempenho eficaz. A ganância e o medo são sentimentos que podem arruinar a performance de um *trader*.

> ***"A batalha mais dura que você vai enfrentar é aquela que acontece dentro da sua cabeça, uma disputa entre vozes, a voz da persistência contra a da desistência!"***
>
> **Caio Carneiro**
> (Empreendedor e autor best-seller)

Você deve usar a lógica e a análise racional, em vez de agir movido apenas por emoções intensas. Um *trader* que se deixa levar pela empolgação dos lucros pode ser comparado a um *chef* que começa a contar o dinheiro do caixa antes mesmo de preparar e servir os pratos. Da mesma forma, um *trader* que entra em pânico com as perdas se assemelha a um atleta que se desestabiliza ao enfrentar um desafio difícil. Um verdadeiro profissional não se deixa afetar excessivamente nem pelas vitórias nem pelas derrotas.

O objetivo de um profissional de sucesso em qualquer área é buscar a excelência, seja como médico, advogado ou *trader*. O dinheiro acaba sendo uma consequência natural desse esforço. Portanto, concentre-se em operar nos mercados com precisão e método, em vez de fixar-se apenas no lucro imediato. Cada operação deve ser abordada com a seriedade e a atenção que um cirurgião dedica a um procedimento complexo, sem espaço para descuidos ou atalhos.

> *"O objetivo fundamental dos sonhos não é o sucesso, mas nos livrarmos do fantasma do conformismo."*
>
> **Augusto Cury**
>
> (Psiquiatra, professor e escritor brasileiro)

Um *trader* que não tem sucesso frequentemente não consegue interromper suas perdas com velocidade. Mesmo quando uma operação começa a dar errado, ele continua otimista e persiste nos erros. Ele sente que não pode sair daquela situação, faz depósitos adicionais e espera pela recuperação. À medida que suas perdas aumentam, o que antes parecia um pequeno prejuízo começa a parecer insignificante. Mas, em um dado momento, ele, finalmente, é obrigado a aceitar a perda. E, assim que ele encerra a operação, o mercado frequentemente começa a se recuperar de forma significativa.

Esse *trader* se frustra, pensando que, se tivesse mantido a posição, poderia ter lucrado consideravelmente com a recuperação. As reversões de tendência acontecem porque a maioria dos *traders* com dificuldades age de maneira similar. Eles são guiados pelas emoções em vez de tomarem decisões racionais. As reações emocionais dos *traders* são bastante semelhantes, independentemente da origem cultural ou nível educacional. Um *trader* nervoso, com as mãos suadas e o coração acelerado, sente o mesmo; independentemente do local em que ele esteja operando no mundo ou o nível de escolaridade, o sentimento é o mesmo.

O *trading* é uma área que, sim, pode tirá-lo do conformismo e até levá-lo ao sucesso. Mas "sonhar com os mercados é um privilégio que ninguém pode se dar", afirma o psicólogo e professor de administração de empresas da Universidade de Harvard, Roy Shapiro. Para ele, se as decisões de *trading* de uma pessoa se baseiam em ilusões, seria mais sensato investir esse dinheiro em sessões com um psicoterapeuta. O professor realizou um experimento, descrito em um artigo, que revela como as pessoas lidam com negócios que envolvem risco. De acordo com ele, a maioria das pessoas toma decisões baseadas em emoções e prefere garantir um ganho menor.

Ele observa que, no espaço íntimo em que tomamos decisões de *trading*, desenvolvemos certos preconceitos. Uma das dificuldades em vender é a conexão emocional que formamos com a posição. Quando algo é nosso, tendemos a nos apegarmos a ele. Esse fenômeno, chamado de *endowment effect* (efeito de apropriação) por psicólogos e economistas, é evidente nas transações financeiras, assim como a dificuldade que a maioria tem de se desapegar de uma roupa que guarda uma forte carga emocional, tal qual uma velha camiseta do time de futebol dobrada no fundo do armário.

> ***"Os investidores amadores tendem a comprar ações quando elas estão em alta e a vendê-las quando estão em baixa. A principal razão é que os amadores são influenciados pela emoção, não pela razão."***
>
> **Peter Lynch**
>
> (Investidor, ex-gestor de fundos, escritor e filantropo norte-americano)

Essa citação de Peter Lynch destaca a importância de se manter uma abordagem racional e disciplinada no *trade*, ao invés de agir por impulso.

O especulador é o responsável por essa ideia. A posição assume um valor pessoal, quase como se fosse um filho. Outro motivo pelo qual muitos *traders* não vendem, mesmo quando a posição está em declínio, é o desejo de continuar sonhando. Para muitos, na hora da compra, o pensamento crítico é substituído pela esperança, que então domina o processo de decisão. O professor Shapiro também realiza outro teste que demonstra como, na tentativa de evitar riscos, as pessoas acabam aumentando as perdas.

Traders guiados pela emoção buscam ganhos certos e rejeitam oportunidades lucrativas que envolvem incerteza. Eles se envolvem em apostas arriscadas para evitar reconhecer perdas certas. É da natureza humana realizar lucros rapidamente e adiar o reconhecimento das perdas. Esse comportamento irracional se intensifica sob pressão. Segundo o doutor Shapiro, o que explica "o aumento das apostas nos azarões nas últimas corridas do dia".As operações de mercado guiadas pela emoção são prejudiciais para os *traders*. Ao examinar os registros dessas negociações, vê-se que grandes perdas nas contas são frequentemente causadas por algumas grandes derrotas ou por uma sequência prolongada de perdas, na tentativa de recuperar o terreno com novas operações. Para concluir, pode-se dizer que a gestão adequada do dinheiro, na maioria das vezes, pode evitar que os perdedores caiam no buraco.

RENTABILIDADE E FALTA DE CONHECIMENTO NUMÉRICO

Traders que não têm sucesso muitas vezes buscam uma "certeza" ilusória, se agarram à esperança e evitam aceitar pequenas perdas de forma irracional. Suas decisões são guiadas mais por emoções do que por análises racionais. Esses *traders* não entendem os princípios básicos de rentabilidade e têm pouca compreensão sobre probabilidade, aleatoriedade e tendem a acreditar em superstições.

A falta de conhecimentos matemáticos básicos, como probabilidade e chance, é uma falha grave para quem opera no mercado. Esses conceitos simples podem ser aprendidos por meio de diversos livros introdutórios. O livro *Innumeracy*, de John Allen Paulos, é um excelente recurso para entender conceitos de probabilidade. O autor narra uma situação em que uma pessoa, aparentemente inteligente, disse em um evento social: "Se a probabilidade de chover é de 50% no sábado e de 50% no domingo, então a chance de um fim de semana chuvoso é de 100%". Alguém com essa compreensão limitada sobre probabilidade certamente terá dificuldades nas operações de mercado. Adquirir conhecimento básico sobre matemática aplicada ao *trading* é essencial.

O escritor Ralph Vince começa o seu renomado livro *Portfolio management formulas* com uma introdução intrigante:

> "Lance uma moeda ao ar. Por um momento, você observa um dos paradoxos mais fascinantes da natureza — o processo aleatório. Enquanto a moeda está no ar, não há como prever com certeza se ela cairá com a cara ou coroa para cima. No entanto, após muitos lançamentos, o resultado pode ser previsto com razoável precisão."

A expectativa matemática é um conceito crucial para *traders*. Ela é chamada de vantagem do jogador (expectativa positiva) ou vantagem da casa (expectativa negativa), dependendo de quem se beneficia das probabilidades do jogo. Se você e eu lançarmos uma moeda, nenhum de nós terá vantagem — cada um terá 50% de chance de ganhar. Mas, se você jogar a moeda em um cassino que retém 10% de todas as apostas, você receberá apenas $0,90 para cada dólar apostado. Essa "vantagem da casa" cria uma expectativa matemática negativa para você. Nenhum sistema de gestão de dinheiro pode vencer um jogo com expectativa negativa a longo prazo.

UM SISTEMA DE *TRADING* SÓLIDO

A boa gestão do dinheiro pode ajudar a maximizar seus ganhos se você tiver algum tipo de vantagem e minimizar as perdas. Sem uma vantagem, você poderia simplesmente fazer doações para instituições de caridade. No mercado, a vantagem vem de um sistema que gera mais ganhos do que perdas, *slippage* e comissões. Nenhum método de gestão do dinheiro pode salvar um sistema de *trading* ruim.

Você só pode ter sucesso se operar com uma expectativa matemática positiva — um sistema de *trading* sólido. Operar com base em suposições leva a fracassos. Muitos *traders* agem como se estivessem bêbados vagando por um cassino, mudando de mesa constantemente. A *slippage* e as comissões podem acabar com quem opera excessivamente.

Os melhores sistemas de *trading* são simples e robustos. Eles têm poucos elementos e são menos propensos a falhas. Sistemas mais complexos tendem a ter mais pontos de falha. *Traders* frequentemente tentam atualizar os sistemas com dados históricos, mas o problema é que o mercado atual não é o mesmo de antes. Teste seu sistema sob condições adversas para garantir que ele seja robusto. Um sistema resistente se adapta bem às mudanças do mercado e pode até superar um sistema, excessivamente, otimizado na prática.

Finalmente, ao criar um bom sistema, evite modificá-lo incessantemente. Se você gosta de fazer ajustes, desenvolva um novo sistema. Como disse Robert Prechter: "A maioria dos *traders* destrói um bom sistema tentando torná-lo perfeito". Se já tiver um sistema de *trading*, é hora de estabelecer regras para a gestão do dinheiro.

GESTÃO DO DINHEIRO

A maioria dos *traders* iniciantes acreditam que estão longe de serem iguais aos demais. Veem-se como seres excepcionais, mais brilhantes do que todos os outros. A indústria de investimentos em ações trabalha incessantemente para alimentar essa ilusão, afirmando que os vencedores são aqueles que ganham o dinheiro dos perdedores. Eles tentam ocultar a verdade de que as operações de mercado são, na realidade, um jogo de soma negativa. Esses amadores impetuosos assumem riscos irresponsáveis, gerando comissões para os corretores e lucro para os operadores de mesa. Quando eles finalmente quebram e saem do mercado, novos aspirantes entram com a mesma esperança interminável, perpetuando o ciclo.

O principal objetivo na gestão de dinheiro é garantir a sobrevivência. Isso significa evitar riscos que possam nos forçar a sair do mercado. Em seguida, buscar uma taxa de retorno consistente e, por último, aspirar a altos rendimentos. No entanto, a sobrevivência sempre vem em primeiro lugar.

> ***"O maior erro que você pode cometer no mercado de ações é não sobreviver para ter a chance de ganhar."***
>
> **Peter Lynch**
>
> (Investidor, ex-gestor de fundos, escritor e filantropo norte-americano)

Essa frase de Peter Lynch, que reflete a ideia de que a principal meta na gestão de dinheiro é garantir a sobrevivência, destaca a importância de proteger seu capital e garantir que você continue participando do mercado a longo prazo.

O primeiro princípio das operações de mercado é "não arrisque todo o seu capital". Os *traders* inexperientes frequentemente ignoram essa regra, apostando grandes somas em uma única operação. Eles continuam a fazer *trade* com quantias significativas ou até maiores quando enfrentam uma série de perdas. A maioria dos *traders* que falha acaba quebrando na tentativa de recuperar perdas por meio de operações adicionais. Uma gestão eficaz do dinheiro é essencial para evitar esse cenário. Quanto mais você se afunda, mais difícil é escapar da situação.

É crucial estabelecer previamente o quanto você está disposto a perder e definir com clareza quando e em que nível você vai cortar suas perdas. *Traders* profissionais tendem a sair rapidamente quando detectam problemas e reentram no mercado somente quando o risco é eliminado. Por outro lado, os amadores tendem a persistir e a torcer por uma recuperação.

DEVAGAR E SEMPRE

Os *traders* institucionais geralmente obtêm muito mais sucesso do que os individuais, e isso se deve em grande parte à disciplina rigorosa imposta pelos líderes deles. É como se fossem jogadores de um time de futebol com um técnico exigente: se um *trader* ultrapassar o limite de perdas estabelecido para uma operação, ele pode ser demitido por desobediência. Se exceder o limite de perdas mensal, ele pode perder os direitos de operar e ser designado para funções menos prestigiadas, como servir café para os colegas. Se esse comportamento persistir, ele pode ser demitido ou transferido para outra função. Esse tipo de sistema força os *traders* institucionais a evitar perdas, enquanto os *traders* individuais devem criar e manter a própria disciplina.

Um *trader* amador que abre uma conta de US$20.000 e espera transformá-la em US$1 milhão em dois anos é como um jovem que vai para Hollywood sonhando em se tornar uma estrela do pop. Embora haja algumas histórias de sucesso, elas são exceções, e não a regra. Os amadores frequentemente tentam enriquecer rapidamente e acabam se prejudicando ao assumir riscos imprudentes. Mesmo que possam ter algum sucesso inicial, geralmente acabam se enforcando com as próprias apostas arriscadas.

Os *traders* amadores costumam me perguntar qual porcentagem de lucro devem realizar anualmente. A resposta varia conforme as habilidades e as condições do mercado. No entanto, eles raramente fazem a pergunta mais crucial: "Quanto estou disposto a perder antes de parar, refletir sobre meu desempenho, reavaliar meu sistema e reconsiderar minha abordagem ao mercado?".

E QUANTO ARRISCAR?

A maioria dos *traders* acaba sendo atingida por dois perigos fatais: ignorância ou emoção. Imagine que a operação no mercado é como um campo de batalha; muitos amadores são atingidos por tiros de ignorância, entrando em negociações que nunca deveriam ter iniciado, baseando-se em expectativas matemáticas desfavoráveis. Aqueles que conseguem superar a fase inicial de desconhecimento e começam a desenvolver sistemas mais eficazes frequentemente enfrentam o segundo perigo: a bala da confiança excessiva. Quando se sentem seguros demais, eles se arriscam demais em uma única operação, e uma série rápida de perdas pode rapidamente derrubá-los.

Se você apostar um quarto do seu capital em cada operação, o seu colapso é inevitável. É como se você estivesse se lançando de um penhasco com a expectativa de que um paraquedas improvisado vai funcionar — você será puxado para baixo rapidamente por uma sequência de perdas, mesmo se estiver usando um sistema de negociação eficaz. Mesmo apostar apenas 10% do seu capital em uma única operação pode não garantir sua sobrevivência a longo prazo.

Um *trader* profissional não pode se permitir perder mais do que uma fração muito pequena de seu capital em uma única operação. É semelhante ao comportamento de um alcoólatra: começa com um copo para diversão, mas acaba destruindo sua vida. Vários estudos mostram que o valor máximo que um *trader* pode perder em uma única operação, sem comprometer as chances de sucesso a longo prazo, deve ser cuidadosamente limitado para garantir a sobrevivência no mercado.

COMO LIMITAR SEUS RISCOS NO *TRADING*

Diversos estudos mostram que o máximo que um *trader* deve arriscar em uma única operação, para não comprometer suas chances de sucesso a longo prazo, é de 2% do capital total. Isso inclui qualquer perda adicional devido a *slippage* e comissões. Para muitos *traders* iniciantes, essa regra pode parecer um obstáculo, especialmente se eles têm contas menores e sonham em ganhar dinheiro rapidamente. Entretanto, muitos *traders* experientes acham que até mesmo 2% é um risco alto demais e preferem arriscar apenas 1% ou 1,5% do capital em cada operação.

A regra dos 2% serve como uma proteção contra grandes perdas que podem ocorrer no mercado. Por exemplo, mesmo se você tiver uma sequência de cinco operações negativas, seu capital total ainda estará preservado. Se o seu objetivo for ter um desempenho consistente e bem-sucedido, você deve evitar ter prejuízos mensais elevados, como 6% ou 8%. Se você atingir esse limite, é melhor parar de operar pelo resto do mês e usar esse tempo para avaliar suas estratégias e o mercado.

Esta regra também ajuda a filtrar operações arriscadas. Quando seu sistema de *trading* sinaliza uma nova entrada, verifique onde você irá precisar colocar seu *stop*. Se o risco da operação for maior do que 2% do seu capital, é melhor não fazer a operação. Preferir operações que permitem *stops* mais próximos pode reduzir o risco e aumentar seu potencial de lucro. Embora esperar por essas oportunidades possa diminuir a frequência das suas operações, isso pode resultar em melhores resultados a longo prazo.

Além disso, a regra dos 2% ajuda a determinar quantos contratos negociar. Por exemplo, se você tem uma conta de US$20.000, pode arriscar até US$400 por operação. Se uma operação atrativa tiver um risco de US$275, talvez seja prudente negociar apenas um contrato. Se o risco for de US$175, você pode considerar negociar dois contratos.

Quanto à estratégia de aumentar suas posições conforme uma operação vai bem (formação de pirâmides), a regra dos 2% ainda é útil. Se você já está com lucro e quer aumentar a posição, deve garantir que o risco adicional não ultrapasse 2% do seu capital total. Assim, você continua protegido, mesmo enquanto tenta maximizar seus ganhos.

DEFININDO SEU APETITE AO RISCO: DESENHANDO O SEU MAPA DA TRILHA

Antes de mais nada, você precisa se conhecer como *trader.* Assim como na adolescência, quando a vontade de ter um tênis da moda me impulsionava a buscar meu próprio dinheiro, qual a sua motivação no mercado? Calcule o quão disposto você está a se expor aos perigos da montanha, qual o tamanho da aventura que você suporta sem perder o sono? Esta é a essência da gestão de risco: encontrar o ponto de equilíbrio entre a busca por retorno e a tolerância a perdas, sem colocar em risco sua estabilidade emocional e financeira.

É importante ser um bom ouvinte, mas também é importante fazer as perguntas corretas para chegar aonde você quer chegar. É importante receber ajuda das pessoas que podem ajudá-lo, porque, dependendo do grupo em que você está inserido, é melhor não pedir ajuda. Esse é um dos conselhos que costumo dar durante as minhas mentorias.

Responda com sinceridade: qual a porcentagem de perda do seu capital total que você suportaria sem que suas emoções o levassem a tomar decisões impulsivas? Lembre-se da história do Carlos e dos 33 mil dólares: o dinheiro fácil, muitas vezes, é a isca para um oceano de decisões tomadas no calor da emoção. Defina o seu limite, seja 1%, 2% ou até mesmo 0,5%, e grave-o a ferro e fogo na sua mente. Essa é a sua bússola para navegar em mares revoltos.

Manter a disciplina em momentos de adversidade é um dos maiores desafios para qualquer *trader*. Recordo-me agora de uma semana em que tive uma experiência que reforça essa importância. O dia tinha amanhecido frio, e meu cansaço era grande, porque meu filho, naquela época ainda recém-nascido, tinha me mantido acordado durante toda a madrugada. A vontade de ficar na cama era enorme, mas eu tinha um compromisso inegociável: o treino.

Enquanto acordava minha filha para levá-la para a aula de natação, ela, com a sinceridade peculiar das crianças, me disse: “Pai, tá frio, né? Mas eu tenho que ir para o treino”. Uma frase simples, mas que me atingiu em cheio. Ela, com a sabedoria natural da infância, acabara de me lembrar de que a vida, assim como o *trade*, exige persistência, principalmente quando as condições não são favoráveis.

A disciplina é um músculo que precisa ser exercitado constantemente, e no *trading* essa habilidade é ainda mais crucial. Quando o mercado está desfavorável, quando a vontade de desistir é grande, é a disciplina que o mantém firme no seu propósito, que o impede de tomar decisões impulsivas e que lhe permite seguir seu plano de forma consistente.

ENTENDENDO O *STOP LOSS*: SUA ÂNCORA EM MEIO À TEMPESTADE

Dominar o *stop loss* é dominar a arte da proteção, é reconhecer que, assim como aprendi na liderança do grupo de dança, nem sempre estamos no controle, mas podemos controlar nossas reações. Imagine o *stop loss* como uma âncora que você lança ao mar quando a tempestade se aproxima. Ele limita suas perdas em cada operação, impedindo que um erro de cálculo ou uma mudança brusca no mercado afundem seu navio.

Assim como no exemplo da minha filha indo para a natação em um dia frio, o *stop loss* é a sua disciplina em ação, protegendo-o das intempéries do mercado. Ele representa o limite que você se impõe, a fronteira que você pode ultrapassar, mesmo quando a vontade de ficar na cama e não enfrentar a realidade é grande.

Defina seu *stop loss* não com base no medo, mas sim com base na análise técnica e no seu plano de *trading*. Aonde o mercado precisa chegar para invalidar sua tese? Se o preço tocar esse ponto, aceite a perda com serenidade e parta para a próxima oportunidade. Lembre-se: no *trading*, perder faz parte do jogo, o segredo é saber perder pouco e proteger o seu capital para que você possa continuar jogando.

Os operadores profissionais sempre definem *stops* quando entram em uma operação. Com o tempo, é importante ajustar esses *stops* para reduzir o risco financeiro e proteger uma maior parte do lucro.

Os *stops* devem ser ajustados apenas em uma direção: em benefício da operação. Todos esperamos que a operação seja bem-sucedida, mas os *stops* ajudam a manter a realidade em cheque e evitar ilusões.

Se você estiver "comprado", mantenha ou eleve os *stops*, nunca os reduza. Se estiver vendido, mantenha ou reduza os *stops*, nunca os eleve. Deixar espaço para uma operação ruim é um erro. Se a operação não estiver dando certo, isso indica uma falha na análise ou uma mudança no mercado. É o momento de agir rapidamente.

Operadores experientes utilizam *stops* de forma similar aos marinheiros que ajustam as catracas para ajustar as velas. Aqueles que afastam os *stops* do mercado estão preferindo a fantasia à realidade.

Aprender a usar *stops* é comparável a aprender a dirigir defensivamente. Todos nós aprendemos técnicas semelhantes e ajustamos conforme nosso estilo pessoal. A seguir, apresentamos as regras básicas para a colocação de *stops*.

Caso você utilize indicadores para identificar oportunidades de mercado, também deve usá-los para decidir quando sair das operações. Quando seus indicadores indicam um bom momento para entrar no mercado, seja comprando, seja vendendo a descoberto, utilize-os igualmente para determinar o momento certo de vender ou fechar suas posições.

GESTÃO DE *STOPS*

Pode ser, emocionalmente, desafiador aceitar uma perda, mas realizar um lucro pode ser ainda mais complicado. Para evitar pequenas perdas, é importante definir um *stop* no momento em que entrar no mercado, o que ajuda a manter a disciplina. No entanto, para obter lucros, é necessário um raciocínio mais elaborado. Quando o mercado está a seu favor, você precisa decidir se vai manter, sair ou aumentar a posição.

Um iniciante pode ficar confuso ao tentar decidir o que fazer com o lucro. Ele calcula o valor total multiplicando o número de *ticks* pelo valor em dólares e sente a tentação de manter a posição para ganhar ainda mais. No entanto, se o mercado se move contra ele, surge o medo de perder o lucro, e ele se apressa em realizar o lucro imediatamente. A tomada de decisões impulsivas, guiada pelas emoções, pode ser prejudicial.

Um dos maiores erros dos operadores é ficar contando o dinheiro enquanto as posições ainda estão abertas. Isso pode criar confusão e atrapalhar a capacidade de operar racionalmente. Se você se pegar imaginando o que fazer com o lucro ou o que comprar com o dinheiro, é hora de mudar de estratégia. Se não conseguir se concentrar, considere encerrar a posição.

Quando um iniciante consegue lucro rapidamente, pode se sentir culpado por não ter ganhado mais. Na próxima operação, pode decidir prolongar a posição, o que pode resultar em perdas. Além disso, ao perder lucro devido a uma reversão, o iniciante pode realizar os primeiros ganhos da próxima operação, mas perder oportunidades importantes. O mercado tende a mexer com as emoções do novato, que tende a reagir emocionalmente, o que pode prejudicar os resultados.

ORDEM DE *STOP LOSS*

Faça a ordem de *stop* no momento em que iniciar a operação. Negociar nos mercados sem um *stop* é como entrar no mar sem saber nadar. Alguém pode até se arriscar, mas não é aconselhável. Um *stop* é uma maneira de minimizar os danos, embora não ofereça proteção total contra um sistema de negociação deficiente. Ou seja, você pode até se afogar, mas por outros motivos, como se deparar com uma vala, uma onda gigante, mas não porque não sabe nadar.

Uma ordem de *stop loss* ajuda a controlar seu risco, embora não seja infalível. Em alguns casos, os preços podem saltar além do *stop*. Embora o *stop* não seja uma solução perfeita, é a melhor proteção defensiva disponível.

Ao abrir uma posição de compra, coloque seu *stop* abaixo do nível mais recente de suporte secundário. Para uma posição de venda, coloque o *stop* acima da resistência secundária mais recente. Evite qualquer operação em que um *stop* adequado possa expor mais de 2% do seu patrimônio. Esse limite deve incluir quaisquer desvio e comissões.

ORDEM DE BREAK EVEN

Os primeiros dias de uma operação são os mais desafiadores. Imagine que você preparou tudo para uma viagem: pesquisou o destino, fez a reserva e embarcou no avião. A decolagem está prestes a começar, e você está sentado no assento, pronto para a partida. Os motores estão funcionando, mas o avião ainda está acelerando lentamente, e não há muita margem para manobras — tudo o que você pode fazer é se acomodar e confiar no processo.

À medida que o mercado começa a se mover a seu favor, ajuste seu *stop* para o ponto de equilíbrio. Quando o voo atinge a altitude de cruzeiro, a fase de decolagem está concluída. Agora, em vez de se preocupar com possíveis perdas, você precisa decidir se vai manter seus ganhos atuais, ou tentar aumentar seus lucros.

Como regra geral, só mova o *stop* para o ponto de equilíbrio depois que os preços se afastarem do ponto de entrada mais do que a variação diária média. Saber quando fazer esse ajuste exige julgamento e experiência.

Quando você ajusta o *stop* para o ponto de equilíbrio, pode aumentar o risco de flutuações bruscas no mercado. Muitos *traders* inexperientes se culpam por "deixar dinheiro na mesa" quando os preços continuam a subir após o ajuste do *stop*. Não há problema em entrar novamente em uma operação após ter saído dela por causa do *stop*. Os profissionais frequentemente tentam entrar novamente no mercado até encontrarem uma boa oportunidade, sempre aplicando práticas rigorosas de gerenciamento financeiro.

PROTEGENDO OS LUCROS

À medida que os preços se movem a seu favor, é essencial proteger os lucros acumulados. Lucro no papel é equivalente a dinheiro real, então é de bom-tom tratá-lo com o mesmo cuidado que você trata o dinheiro físico que carrega. Arrisque apenas uma parte desse lucro, como se fosse o custo de manter a posição.

Se você adota uma abordagem conservadora, aplique a regra dos 2% aos lucros no papel. Isso significa configurar um "*stop* de lucro" que ajuda a proteger seu capital. Ajuste esse *stop* na direção favorável da operação, garantindo que, em nenhum momento, mais de 2% do seu patrimônio em crescimento fique vulnerável.

Para operadores mais agressivos, a regra dos 50% pode ser uma opção. Nesse caso, você mantém metade do lucro no papel e deixa a outra metade em risco. Você pode marcar a máxima mais alta de uma posição comprada ou a mínima mais baixa de uma posição vendida e ajustar o *stop* para ficar no meio do caminho entre esse ponto e o seu ponto de entrada. Por exemplo, se o preço se mover dez pontos a seu favor, ajuste o *stop* para proteger cinco pontos de lucro.

Quando você não tiver certeza se deve manter ou sair de uma posição, realize o lucro e reavalie a situação sem o estresse de ter dinheiro em risco. Às vezes, pensar com clareza é mais fácil quando você não está diretamente exposto ao mercado.

DIVERSIFICAÇÃO: PLANTANDO SEMENTES EM DIFERENTES TERRENOS

Lembra-se da história do meu amigo Fabrício, que me mostrou ser possível ter uma vida diferente da realidade em que vivíamos? Ele, com o próprio trabalho e conquistas, plantou uma semente de esperança em um terreno árido. A diversificação é a forma de plantar sementes em diferentes terrenos, garantindo que, mesmo que uma colheita seja fraca, as outras supram suas necessidades.

Diversificar é distribuir seu capital de forma inteligente, alocando-o em diferentes classes de ativos (ações, renda fixa, fundos imobiliários), setores da economia (tecnologia, saúde, energia) e até mesmo em mercados internacionais. Essa estratégia diminui o impacto da volatilidade e protege seu patrimônio de crises que podem afetar um setor ou país específico.

ALAVANCAGEM: A ARTE DA MULTIPLICAÇÃO E IMPORTÂNCIA DA GESTÃO ALAVANCADA

Chegamos a um ponto crucial na nossa jornada rumo ao sucesso no *trading*: a alavancagem. Essa ferramenta, que antes era restrita aos grandes tubarões do mercado, agora está ao alcance de qualquer um que queira operar na Bolsa, no *Forex* ou em qualquer outro mercado financeiro. Mas, como já o alertei antes, essa faca de dois gumes pode levá-lo ao topo da montanha, ou jogá-lo no fundo do abismo, dependendo de como você a utiliza.

Antes de mais nada, vamos entender o que é alavancagem. A alavancagem lhe permite controlar uma posição maior no mercado do que o valor do capital que você realmente possui. É como pegar um "empréstimo" da corretora para turbinar suas operações e multiplicar seus ganhos.

Por exemplo, digamos que você tenha US$1.000 na conta e escolha uma alavancagem de 1:888. Isso significa que, com esses US$1.000, você poderá controlar uma posição de até US$888.000 no mercado!

Show de bola, né? Mas calma lá! A alavancagem não é mágica, ela apenas amplifica seus resultados, tanto os positivos quanto os negativos. Se a operação for bem-sucedida, seus lucros serão multiplicados. Mas, se a operação for contra, as perdas também serão amplificadas na mesma proporção.

"Alavancar é viciante, mas tem que ter experiência para dobrar, tem que ter cuidado com o percentual."

E é aqui que entra a importância da gestão de risco avançada. Dominar a arte de proteger seu capital é fundamental para sobreviver e prosperar no mundo da alavancagem. Sem uma gestão eficiente, mesmo os *traders* mais experientes podem sucumbir às armadilhas do mercado.

Por isso, vou lhe ensinar uma técnica que desenvolvi ao longo dos anos, uma sacada que me fez ganhar muito dinheiro e que utilizo até hoje para operar com mais segurança e consistência. Ela se baseia em dois "caixas", uma forma de organizar sua gestão e controlar a euforia da alavancagem.

No caixa 1, você opera com uma gestão mais conservadora, sem ou com pouca alavancagem. É aqui que você coloca em prática tudo o que aprendeu sobre análise técnica, gestão de risco e controle emocional, construindo uma base sólida e consistente para seus *trades*.

Já no caixa 2 entra a alavancagem, mas com uma regra de ouro: só entra nesse caixa o lucro! Isso mesmo, você só utiliza o dinheiro que ganhou no mercado para alavancar suas operações. Assim, você garante que, mesmo que a operação dê errado, você não perde seu capital inicial, apenas parte do lucro já conquistado.

Mas qual a porcentagem do lucro que deve ir para o caixa 2? Aí vai depender do seu perfil de risco. Você pode optar por uma gestão mais conservadora, transferindo 50% do lucro, ou ser mais arrojado, utilizando 100% do lucro para alavancar suas operações.

Lembrando que, mesmo no caixa 2, a gestão de risco é crucial! Defina seus *stops* com base na sua análise técnica e no seu plano de *trading*, controlando as emoções e evitando decisões impulsivas.

Utilizando essa técnica dos "caixas", você cria uma estrutura sólida para operar com alavancagem, protegendo o seu capital e, ao mesmo tempo, potencializando os seus ganhos.

É como ter um cinto de segurança em um carro de corrida: você pode acelerar e buscar a máxima performance, mas com a segurança de que, caso haja algum imprevisto, você estará protegido de grandes perdas.

Hoje eu tenho 28 anos, mas, como a responsabilidade veio cedo, fui pai aos dezessete anos — só por aí dá para imaginar —; confesso que a maturidade me faz parecer mais velho, por dentro e por fora; a maioria das pessoas acha que eu tenho mais de trinta. Só para você, leitor, saber (talvez nunca tenha me visto), há oito anos, quando eu comecei no mercado financeiro, eu ainda tinha cabelo.

Agora você deve estar pensando: "Se não é bom, se é estressante, por que ele se tornou e se mantém *trader*, e mais, não satisfeito, compartilha conhecimento com outras pessoas, encorajando-as a fazer o mesmo, em mentorias para alunos do mundo inteiro?".

Porque eu amo fazer isso. E, sem querer passar aqui uma fala de *coach* (nada contra), quem me conhece sabe que eu não sou o cara que passa a mão na cabeça, eu acredito de verdade que qualquer um com esforço e disciplina pode se tornar um *trader* profissional, acredito piamente nisso, bem como no poder da ambiência. Se você estiver inserido, por exemplo, na Tribo, com pessoas imbuídas de um mesmo propósito, não tem como não se dar bem como *trader*. Foi isso que mudou a minha vida e a da minha família, e eu posso provar.

Mas a diferença daquele moleque que começou aos vinte anos para hoje se chama equilíbrio, ou fazer a escolha certa, a que melhor se adapta a você, o que somente o conhecimento técnico e emocional irá lhe permitir.

Explico: "Ao conhecer de fato esse segmento e me aprofundar nele, descobri que o *day trade* não resume o mercado, é apenas uma forma de fazer dinheiro nesse ramo."

Mas por que estou compartilhando agora com você essa parte? Porque, quando eu comecei, no auge da minha juventude e com sede de provar ao mundo e para mim mesmo que eu chegaria lá (como se houvesse um lugar em definitivo para chegar), eu vivia do e para o mercado financeiro.

O resultado dessa dedicação fala por si. Dentro dessa minha trajetória de oito anos, eu cheguei a ser considerado por uma das maiores corretoras do mundo *top* dez dos *traders* mais importantes da América Latina. Fato é que, nessa época, cheguei a operar seiscentos lotes de ouro, em um único mês, bastante coisa para uma pessoa que operava sozinho, em *home office*, sem a força de uma grande instituição. Um período que cheguei a fazer milhares de dólares, em milhares de operações.

Confesso que a maior parte de todo o dinheiro que fiz no mercado financeiro eu consegui como day *trader*, vivia alavancado.

No *day trade*, usa-se muita alavancagem, você consegue transformar valores pequenos em grandes, justamente porque está alavancando, como consequência você consegue ganhar dinheiro mais rápido em menor tempo, mas o risco, claro, também é maior.

Vou lhe dizer uma coisa, grave isto: para ganhar dinheiro como *day trader*, você não pode ser bom ou ótimo, isso não significa nada, ou melhor, significa que você vai perder dinheiro com *trade*. Para ganhar dinheiro no *day trade*, você tem que ser exímio, sua cabeça tem de ser fora da curva, você tem de ter gestão técnica, financeira e emocional. Imagine ter de lidar com essas três gestões em fração de segundos. Uma decisão que você deixa de tomar em apenas cinco segundos pode definir a quebra de um mês inteiro, isso sem falar que você tem de gerir o dia a dia com a família, trabalho etc.

Então, de lá para cá, mais calmo, conhecendo meus pontos fortes e fracos, fui criando estratégias para poder viver do *trading*, sem me culpar pelas vezes que tomei *loss* ou que na minha cabeça eu havia "falhado" como *trader,* marido, pai ou até mesmo como pessoa.

Posso dizer que foi a partir desse autoconhecimento que desenvolvi uma maneira de viver como *trader* que me permite hoje ganhar dinheiro no mercado sem que eu precise monitorar o mercado constantemente, como no *day trade.*

Descobri que no *swing trade* eu posso passar horas e dias administrando um único *trade*, com a adrenalina baixa, sem o estresse do *day trade*.

Como tudo na vida, tem vantagens e desvantagens. Com o *swing trade* não poderia ser diferente. Na maior parte do tempo, você não irá encontrar muitos pontos de entrada, esse seria o ônus; em contrapartida, como bônus, dificilmente você vai dar *loss*.

Claro que eu não devo ter feito nem 30% do dinheiro no *swing trade* do que eu fiz no *day trade,* mas é, sem dúvida, um caminho mais assertivo e consistente que me permite ganhar dinheiro com mais tranquilidade, o que justifica eu querer compartilhar com você os *insights* sobre *swing trade*, desenvolvidos por mim na mentoria que eu fundei — a Trader Gold, que opera de forma diferente do mercado em geral.

Confira!

Aprenda a utilizar a alavancagem a seu favor e maximize seus ganhos. Acesse nossa aula exclusiva escaneando o QR Code abaixo.

QR Code com problemas? Me chame no Instagram @jacssonsantosoficial.

SWING TRADE: A ARTE DE PEGAR ONDA NO MERCADO FINANCEIRO

No *swing trade*, a gente surfa nas ondas maiores, aquelas que se formam com o tempo e carregam um potencial de lucro muito maior. Mas para surfar nessas ondas, não basta ter uma prancha qualquer. Você precisa de uma prancha resistente, feita sob medida para você, e de uma técnica apurada para não levar "caldo" na primeira série de ondas.

E a gente sabe que, no mar do mercado financeiro, os tubarões estão à espreita, esperando um vacilo dos surfistas menos experientes. A gestão de risco no *swing trade* é a sua roupa de neoprene, protegendo-o do frio, das perdas e dos ataques dos tubarões da volatilidade.

Mas como se faz para surfar com segurança e estilo no *swing trade*? Se liga nestes *insights*:

1. ENCONTRANDO A "ZONA JUSTA DO PREÇO": O MAPA DA MINA DO *SWING TRADE*

No *swing trade*, você não deve se preocupar com os centavos, com os tiques, mas sim buscar os movimentos maiores, as ondas de verdade! Para isso, você deve usar os tempos gráficos maiores, como o diário (D1), o semanal (W1) ou o mensal (MN). E nesses gráficos você deve buscar o que eu chamo de "zona justa do preço". Essa zona é como se fosse o mapa da mina do *swing trade*, em que se consegue identificar as regiões de suporte e resistência mais relevantes, aquelas que o mercado respeita e que podem gerar oportunidades de compra ou venda com alta probabilidade de sucesso.

Eu sou o cara das analogias. Acho que tudo fica mais claro e didático quando se usa um exemplo palpável. Vou explicar para você o que chamo de "zona justa do preço". Imagine que o preço médio de um celular é algo em torno de nove mil reais. Se alguém lhe oferecer o mesmo modelo por apenas 2500 reais, a primeira coisa que virá à sua mente é que o aparelho deve ser roubado, estar quebrado ou ser uma imitação. Por outro lado, se um vendedor em uma loja lhe apresentar o mesmo celular por treze mil reais, você imediatamente perceberá que o preço está muito acima da média, levantando suspeitas sobre a validade da oferta. Isso ilustra a "zona justa do preço", que gira em torno dos nove mil reais, em que você se sente confortável em comprar, sabendo que o valor está alinhado com o mercado. Assim, essa faixa de preço é crucial para determinar a percepção de valor e a confiança na transação.

E, no mercado financeiro, como se encontra essa "zona justa do preço"? Simples! Você deve "mapear" o gráfico, traçando linhas de suporte e resistência nos pontos de enrosco, que é o ajuste fino que você vai fazer dentro da região que você mapeou, aqueles que o preço bate e volta, mostrando que ali tem um ponto importante para o mercado. Quanto maior o histórico de um ponto de enrosco, maior a confiabilidade dele. É como se o mercado estivesse lhe dando um sinal, dizendo: "Olha aqui, essa região é importante para mim!".

2. ENTRANDO NA ONDA: OS PONTOS DE ENROSCO COMO GUIAS

Uma vez que você identificou a "zona justa do preço", é hora de encontrar o ponto ideal para entrar na onda. E esses pontos ideais, no *swing trade*, são os pontos de enrosco que você já mapeou. É como se o mercado lhe tivesse dado a dica de onde a onda vai começar a se formar, e você só precisa se posicionar para poder surfar nela!

Se o mercado estiver em tendência de alta, você deverá buscar comprar nos pontos de enrosco próximos ao suporte da "zona justa do preço", esperando que a onda se forme e carregue o preço para cima. Se o mercado estiver em tendência de baixa, você deverá buscar vender nos pontos de enrosco próximos à resistência, esperando que a onda se forme e leve o preço para baixo.

Anote: quanto maior o histórico de um ponto de enrosco de uma resistência, de um suporte, maior é a sua confiabilidade. Simples assim!

3. DOMINANDO A ARTE DA ADMINISTRAÇÃO: GERENCIANDO O RISCO NO *SWING TRADE*

Com a "zona justa do preço" mapeada e os pontos de enrosco definidos, é hora de colocar a prancha na água e começar a surfar! Mas, antes de dropar na onda, você precisa definir a estratégia de administração, a gestão de risco, para garantir que não irá levar "caldo" e quebrar a prancha no meio do caminho.

Qual a grande diferença entre preço médio e preço "mérdio"? Sim, você leu certo! "Mérdio" é o preço médio feito na cagada, sem planejamento, movido pelo medo ou pela ganância. O preço médio no *swing trade* não é feito de forma randômica, aleatória, porque você está assustado ou porque deu ruim na operação, ele já é executado por um profissional, já foi pensado antes, já foi calculado, estratégico, feito com base na análise técnica, nos pontos de enrosco e na sua gestão de risco.

Imagine que você comprou um ativo, esperando que ele suba, mas o mercado começa a cair. Em vez de entrar em pânico e sair da operação, você pode fazer uma nova entrada em um ponto de enrosco mais baixo, aproveitando a queda para diminuir o seu preço médio de entrada. Essa estratégia, quando bem calculada e executada, lhe permite surfar na onda, mesmo quando ela o joga para baixo em um primeiro momento.

E como a gente define esse ponto de entrada para o "médio"? Simples! Você deve olhar para os pontos de enrosco que você já mapeou na "zona justa do preço". Esses pontos, além de servirem como pontos de entrada para a primeira operação, também podem ser utilizados para fazer novas entradas e ajustar o seu preço médio.

E quanto você deve arriscar em cada entrada? Aí depende do tamanho da sua conta e da sua gestão de risco. Se você tiver uma conta de cem mil reais, por exemplo, e definir um risco máximo de 2% por operação, você poderá arriscar até dois mil reais por *trade*.

E o *stop loss*? No *swing trade*, o *stop loss* geralmente fica um pouco mais distante do ponto de entrada do que no *day trade*, porque você precisa dar espaço para a onda se formar. Geralmente, você deve utilizar o mesmo tamanho do *stop* para a primeira e para a segunda entrada.

Mas e se o mercado continuar subindo depois da sua primeira entrada? Aí você deve ajustar o *stop loss* para o ponto de equilíbrio, garantindo que não irá ter prejuízo na operação.

Confira!

Acesse agora nossa *playlist* exclusiva de aulas de *swing trade* escaneando o QR Code abaixo.

QR Code com problemas? Me chame no Instagram @jacssonsantosoficial.

"Os sinais de trade são como bússolas: se você não souber usá-las, pode facilmente se perder no mar do mercado."

Paul Tudor Jones
(Filantropo, gestor de fundo de hedge bilionário e cofundador da Fundação Robin Hood)

4. DISCIPLINA: A "PARAFINA" QUE O FAZ DESLIZAR NA ONDA DO *SWING TRADE*

No *swing trade*, a disciplina é a "parafina" que o faz deslizar na onda com mais segurança e estilo. Defina seu plano de *trade*, seus pontos de entrada e saída, seus *stops* e seus alvos e siga esse plano à risca, sem se deixar levar pelas emoções do momento.

Lembre-se: o mercado vai testá-lo, jogá-lo para baixo, dar-lhe a sensação de que você é um gênio ou um fracasso. Mas é a disciplina que o mantém firme na prancha, o impede de tomar decisões impulsivas e lhe permite surfar com consistência e maestria.

**“Surfar é como a vida:
você precisa estar na onda certa para
encontrar a verdadeira liberdade.”**

Kelly Slater

(Ex-surfista profissional, considerado
uma lenda desse esporte)

Parte II:

Desvendando a Linguagem do Mercado

PARTE 2

Capítulo 4

Análise técnica: decifrando a linguagem do mercado

Nos capítulos anteriores, construímos os alicerces para a sua jornada no *trading*, explorando os pilares da gestão emocional, financeira e de risco. Agora, é chegado o momento de desvendar outro item crucial na vida de um *trader* profissional: a análise técnica. O código dos mercados, seja o de ações (Bolsa de Valores), o *Forex* (*Foreign Exchange*) ou o de commodities (petróleo, ouro e café), para aprender a ler os sinais e identificar as melhores oportunidades de negociação (compra e venda). Caso você já tenha alguma familiaridade, ainda assim é sempre muito bom poder rever esse conteúdo. E, se você estiver iniciando, principalmente. Porque, embora você acredite não fazer parte desse jogo, sinto informar que você faz, sim. O mercado de commodities, por exemplo, já faz parte da sua vida, você querendo ou não! Vamos imaginar, por exemplo, o café. O cara da mercearia que lhe vendeu o café fez um *trade* para comprar de alguém e vendeu para você, que trocou o seu dinheiro pelo café, ou seja, outro *trade*. Simples assim! Só que até esse momento talvez você ainda esteja no time das pessoas que consome, e agora pode fazer parte das pessoas que também ganha com isso. Pense comigo, esse preço foi negociado na bolsa, no mercado financeiro, antes de chegar ao mercadinho do lado da sua casa. E — claro! — alguém ganhou dinheiro com isso.

Resumindo tudo é *trade!* O pulo do gato é entender que o mercado funciona com base em trocas, como um jogo entre dois times: os compradores, que querem comprar barato e vender caro, e os vendedores, que querem vender caro e recomprar barato. É uma gangorra de emoções, uma montanha-russa de expectativas que molda o gráfico do ativo, que para mim é o mapa da mina.

Você precisa entender que, para um *trader* ganhar dinheiro no mercado, é essencial que se tenha uma boa, ou melhor, uma ótima análise. Se você, como *trader*, tiver conhecimento dos gráficos, indicadores técnicos, suportes e resistências, volume de negociação e análise de sentimentos, você potencializará os seus ganhos e, caso não tenha, basta fazer o básico bem-feito e com disciplina.

Bem-vindo, então, ao fascinante mundo da análise técnica!

ANÁLISE TÉCNICA: A BÚSSOLA DO *TRADER*

Agora que você já entendeu que o mercado tem dois times, vamos falar de como você, futuro mestre do *trading*, vai decidir para qual time torcer, ou seja, se vai comprar ou vender um ativo.

A primeira coisa que você precisa aprender é a análise técnica, que é a arte de ler o gráfico do ativo, decifrar os sinais e entender o comportamento dos *players*, que são os *traders* que estão comprando e vendendo. É como ler a palma da mão do mercado. Através dos gráficos, você vai ver a história do ativo, entender as tendências, identificar os padrões e usar indicadores para tomar decisões mais assertivas.

Existem três tipos de análises que você precisa dominar para se tornar um mestre jedi do *trading*:

- **Análise técnica:** essa é a minha queridinha! Aqui, você deve se concentrar nos gráficos, indicadores e padrões de preço para identificar oportunidades de compra e venda. É como ser um detetive financeiro, buscando pistas que revelem os próximos movimentos do mercado.
- **Análise fundamentalista:** aqui, o foco é nos indicadores econômicos, nas notícias e nos eventos que podem impactar o preço do ativo. É como ser um analista político, buscando entender o contexto global para prever as próximas jogadas do mercado.
- **Análise de sentimento:** essa é a análise que eu chamo da galera, do povão! Aqui, você deve tentar entender o sentimento do mercado, se as pessoas estão otimistas ou pessimistas em relação ao ativo. É como ser um psicólogo financeiro, buscando entender as emoções dos *traders* para prever as próximas decisões do mercado.

Imagine o mercado como um organismo vivo, com seus próprios ritmos, padrões e ciclos. A análise técnica é a arte de observar o comportamento desse organismo, interpretar os movimentos e antecipar as próximas ações.

Assim como um médico analisa os sinais vitais de um paciente para diagnosticar uma doença, o analista técnico utiliza gráficos, indicadores e ferramentas estatísticas para identificar tendências, padrões e sinais de compra e venda.

Desde os primórdios da civilização, a atividade comercial tem sido uma constante. Antigamente, negociar com os vizinhos era uma opção muito mais segura do que recorrer ao conflito. À medida que as sociedades evoluíram, o dinheiro emergiu como o principal meio de troca, estabelecendo a base para mercados mais sofisticados. Os mercados de ações e mercadorias são agora marcos significativos das economias avançadas.

Um exemplo notável dessa evolução econômica pode ser visto na Europa Oriental. Após o colapso do regime comunista, a criação de bolsas de valores e mercados de mercadorias representou um dos primeiros passos importantes rumo à modernização econômica e à integração com o mercado global.

Para colocar essa transformação em perspectiva, pense na jornada de Marco Polo, o mercador italiano da Idade Média. Ele levou impressionantes quinze anos para viajar da Itália até a China. Em contraste, hoje, um investidor europeu, eu ou você podemos comprar ouro em Hong Kong em menos de um minuto, graças aos avanços tecnológicos e à globalização dos mercados financeiros.

Atualmente, mercados de ações, futuros e opções operam globalmente, refletindo uma conectividade e eficiência sem precedentes no cenário financeiro mundial.

É importante que se diga, antes de entrar propriamente no conteúdo da análise técnica, que, embora muita gente se sinta atraída pelo *trading* por acreditar que essa é uma maneira fácil e rápida de ganhar muito dinheiro, os *traders* de sucesso dedicam horas ao trabalho e ao estudo da linguagem do mercado para assim poder definir a própria.

Vale dizer também que não há uma rota única para o sucesso nos mercados financeiros. A jornada para alcançar desempenhos excepcionais é diversa e individualizada. Os *traders* que obtiveram resultados notáveis adotam uma variedade de abordagens, que podem variar de análises fundamentalistas e técnicas a combinações de ambas ou até mesmo métodos que não se enquadram em nenhuma dessas categorias. O período em que mantêm as operações também pode variar amplamente, desde minutos até vários meses.

O verdadeiro desafio no *trading* não é encontrar um método universalmente correto, mas sim descobrir qual abordagem funciona melhor para você. Assim como um atleta precisa encontrar o treino adequado às suas habilidades e objetivos, um *trader* deve identificar a estratégia que se alinha com seu perfil e estilo pessoal. Não há um guia definitivo que indique qual método é o ideal para você — essa descoberta é uma jornada pessoal e única.

Mas há de se dizer que, para decidir o seu estilo, há de se conhecer em profundidade a técnica. Apesar do ditado popular dizer que "se conselho fosse bom, não se dava, se vendia", prefiro me ater aos conselhos dos grandes *traders.* Segundo eles, existem verdades básicas do mercado que não variam independentemente da metodologia ou da época.

Então dedico este capítulo a decifrar, pelo menos em parte, ou seja, em teoria, a linguagem do mercado. Sim, porque acredito que nada substitua a prática, daí a importância de se sentar à frente de uma tela de computador e operar até adquirir experiência, ou, para aqueles que podem aprender com o grupo, com o erro dos outros, poder participar de uma mentoria, até que se consiga caminhar com as próprias pernas. Não posso deixar de aproveitar para citar aqui a importância e a força de um grupo como a mentoria, que chamo carinhosamente de minha segunda família. No ambiente da mentoria, você pode errar, sem medo de ser julgado, mas com o "peso" de fazer um *trade* não para você, mas para todo um grupo. Eu sou o cara das analogias. Costumo citar nas minhas *lives* o seguinte: é inegável a minha responsabilidade ao dirigir sozinho e quando estou com meus filhos no banco de trás.

Por falar em tela, o aumento no acesso a dados, tecnologia computacional e *software* tem criado um cenário mais equilibrado para todos os *traders*. Com um computador, você pode acelerar suas análises e explorar diversas pistas de forma mais eficiente.

No entanto, a tecnologia não substitui o julgamento humano nas decisões de *trade*. Embora os computadores permitam uma análise mais abrangente e detalhada dos mercados, a responsabilidade final pelas decisões de *trading* continua sendo do próprio *trader*. Em outras palavras, o computador é uma ferramenta poderosa que aprimora a pesquisa e a análise, mas é o operador quem ainda precisa tomar as decisões finais e assumir a responsabilidade pelas operações no mercado. E aprender a ler o que as imagens dizem faz parte do jogo. Dito isso, vamos à análise técnica, sem nunca perder de vista que você não tem o poder de controlar o mercado, mas sempre a maneira que deve reagir a ele.

> *"Você não pode mudar o que está acontecendo ao seu redor até que comece a mudar o que está acontecendo dentro de você."*
>
> **Zig Ziglar**
>
> (Escritor e orador motivacional norte-americano)

A análise técnica se baseia em gráficos e padrões de preços, já a fundamentalista considera variáveis como o cenário macroeconômico, indicadores financeiros, desempenho da empresa, entre outros fatores na escolha de um *trading*.

Os analistas fundamentalistas monitoram uma ampla gama de fatores, como relatórios sobre safras, políticas dos bancos centrais e índices de ocupação setorial, entre outros. No entanto, mesmo com essa análise detalhada, é possível enfrentar perdas nas operações de mercado se não se alinhar com as tendências de médio e curto prazo, que muitas vezes são influenciadas pelas emoções do mercado.

Por outro lado, os analistas técnicos acreditam que os preços já incorporam todas as informações disponíveis sobre o mercado, incluindo os fatores fundamentais. Eles veem cada preço como o reflexo do consenso coletivo dos participantes do mercado — desde grandes *traders* institucionais até pequenos especuladores e analistas, sejam eles técnicos, sejam fundamentalistas.

A análise técnica é, em essência, uma combinação de psicologia de massa, ciência e arte. Os analistas técnicos empregam métodos científicos e conceitos matemáticos, como teoria dos jogos e probabilidades, frequentemente utilizando computadores para monitorar indicadores avançados. Além disso, interpretam gráficos e padrões de preços, buscando identificar formas e movimentos que revelam padrões históricos e sinais de futuras mudanças no mercado.

Enquanto o comportamento individual pode ser complexo e imprevisível, o comportamento coletivo tende a seguir padrões mais básicos. Analistas técnicos estudam esses padrões de comportamento das multidões e fazem suas operações quando reconhecem padrões que historicamente precederam certos movimentos de mercado. Isso é semelhante a um músico que identifica padrões rítmicos em uma partitura para criar uma performance harmoniosa, permitindo-lhe navegar com mais precisão nas nuances do mercado.

Para obter sucesso nas operações de mercado, não é necessário prever o futuro com precisão. O foco deve estar em entender o que está acontecendo no mercado e identificar quem está no controle — se são os touros (preços de ativos subindo) ou os ursos (preços de ativos em queda). O objetivo é avaliar a força do grupo dominante e estimar a probabilidade de continuidade da tendência atual. Além disso, como disse anteriormente, é crucial adotar uma gestão de capital, priorizando a preservação de recursos a longo prazo e a acumulação gradual de lucro. Manter o controle emocional, como venho enfatizando sempre, é vital; evitar ser consumido pela ganância ou pelo medo pode ser tão importante quanto qualquer análise técnica.

Em essência, o sucesso no mercado depende de ler corretamente as dinâmicas do mercado e gerenciar suas próprias ações e emoções. Durante as horas de negociação, uma imensa quantidade de informações flui constantemente. As oscilações de preços refletem as disputas entre touros e ursos. Seu trabalho é interpretar essas informações e fazer apostas informadas com base no grupo dominante no mercado, semelhante a um estrategista que observa a batalha em um campo de guerra para decidir onde colocar suas tropas para obter a vitória.

GRÁFICOS: O MAPA DA JORNADA

Os analistas técnicos se dedicam a examinar os movimentos do mercado para identificar padrões de preços que tendem a se repetir ao longo do tempo. O intuito é tirar proveito dessas repetições para obter lucros nas operações de mercado.

Para isso, eles utilizam gráficos, que são como mapas detalhados das flutuações de preços, exibindo informações cruciais como o preço mais alto, o mais baixo, o preço de fechamento, o volume de transações e o número de contratos em aberto. Eu costumo chamá-los de gráficos de probabilidades. Eles são essenciais para a análise técnica, funcionando como ferramentas para descobrir tendências e padrões que podem indicar oportunidades de lucro. Os gráficos são a representação visual do movimento dos preços ao longo do tempo. O *trader* iniciante, quando se depara, pela primeira vez, com um gráfico na tela preta do computador, se assusta, e eu costumo dizer, carinhosamente: "Calma, pequeno gafanhoto". O gráfico nada mais é do que a representação do preço. Preço do quê? De um ativo financeiro, que, para facilitar, nas minhas dinâmicas remotas e presenciais, eu traduzo como sendo um produto, que pode ser café, ouro, euro, dólar, banana etc.

Então, o gráfico, que tanto pode assustar de início, nada mais é do que uma vitrine para o preço dos ativos financeiros. À primeira vista, pode parecer complicado, mas só até você ter acesso a ele ou oportunidade de conhecer essa ferramenta. Ele nada mais é do que a representação de negociações que já acontecem no mercado paralelo, a que você (caso não seja um *trader*) ainda não teve acesso. É ele que lhe permite ter acesso ao mercado, ou seja, à bolsa de valores da plataforma que você estiver utilizando, e fazer as suas negociações.

Pense nele como uma feira livre, em que você encontra uma variedade de produtos, como a banana, por exemplo. O gráfico lhe mostra o preço atual da banana e quanto ela custou no passado e lhe permite acompanhar as flutuações do mercado em tempo real.

Imagine que você, um *trader* astuto, observa o gráfico e percebe que o preço da banana está em um real. Você se lembra de que, em outros momentos, ela chegou a custar dois reais e decide que esse é um bom momento para comprar, apostando na valorização do produto. Para isso, você utiliza uma plataforma de negociação *online*, semelhante à feira livre digital, e clica no botão de compra.

Assim como na feira, outros *traders* também estão de olho na banana. Alguns, com mais capital e experiência, compram mil, cinco mil ou até mesmo dez mil bananas de uma só vez! O interessante é que, mesmo com diferentes volumes de compra, todos estão sujeitos à mesma variação de preço. Se a banana subir para R$1,60, todos irão lucrar R$0,60 por unidade. Se ela subir para dois reais, o lucro será de um real por banana.

Claro, se o preço da banana cair, todos os *traders* terão prejuízo, proporcional à quantidade que compraram. É nesse ponto que a gestão de risco entra em cena, mas esse é um assunto para discutirmos mais adiante. Por enquanto, concentre-se em entender o funcionamento básico do gráfico e como ele reflete as movimentações do mercado em tempo real. Pense no gráfico como um aliado, um mapa que o guia na busca por oportunidades lucrativas.

Portanto, o trabalho do analista técnico é semelhante ao de um cartógrafo que estuda mapas antigos para prever rotas e identificar áreas de interesse com base em padrões históricos. Eles são a bússola que guia o analista técnico, mostrando a história do ativo, altos e baixos, e as forças que impulsionam as flutuações.

Os padrões nos gráficos de preços capturam as flutuações emocionais dos *traders*, refletindo as ondas de ganância e medo que dominam o mercado. Assim como as marés no oceano são impulsionadas por forças naturais, os movimentos dos preços são influenciados pelas emoções coletivas dos operadores. Essas ondas emocionais criam padrões visíveis nos gráficos, que podem ser analisados para entender melhor o comportamento do mercado e identificar oportunidades de *trade*. Portanto, analisar esses padrões é como observar os ciclos das marés para prever o melhor momento para navegar.

Existem diversos tipos de gráficos, os mais utilizados são:

- **Gráfico de linhas:** mostram a variação do preço de fechamento ao longo do tempo, conectando os pontos com uma linha contínua. É uma representação simples e direta, ideal para uma visão geral do movimento do ativo.

- **Gráfico de barras:** cada barra representa um período de tempo (dia, semana, mês), mostrando o preço de abertura, fechamento, máximo e mínimo do ativo naquele período.

- **Gráfico de *candlestick*:** similar ao gráfico de barras, mas com uma representação visual mais atraente e informativa. Em vez de barras, esses gráficos apresentam fileiras de velas (*candle*) com pavios em ambos os lados. Cada *candle* representa um período de tempo. O corpo de cada vela representa a distância entre os preços de abertura e de fechamento. A ponta do pavio superior representa a máxima do período, e a ponta do pavio inferior a mínima do período.

Um dos principais desafios ao interpretar gráficos de mercado é o fenômeno conhecido como "pensamento desejoso" ou *wishful thinking*. Frequentemente, *traders* se convencem de que um padrão gráfico indica uma tendência de alta ou baixa, baseando-se no desejo pessoal de comprar ou vender. Esse viés pode distorcer a análise e levar a decisões de *trades* prejudiciais.

No início do século XX, o psiquiatra suíço Herman Rorschach criou um teste psicológico que se tornou famoso por revelar como as pessoas projetam suas próprias percepções e emoções. Ele utilizou manchas de tinta em dez folhas de papel, dobradas para criar padrões simétricos. Quando as pessoas olham para esses borrões, tendem a descrever o que veem com base em suas próprias experiências e sentimentos, como figuras anatômicas, animais ou edifícios. Na verdade, essas manchas não têm um significado intrínseco — cada pessoa projeta a própria interpretação, o que está na própria mente.

> *"Os gráficos são a ferramenta mais útil que um trader pode ter, porque eles fornecem uma representação visual clara da oferta e da demanda, refletindo o sentimento do mercado."*
>
> **John Murphy**
> (Respeitado analista técnico e autor de vários livros sobre análise técnica)

De maneira semelhante, muitos *traders* utilizam gráficos de mercado como um gigantesco teste de Rorschach. Em vez de analisar os dados de maneira objetiva, eles projetam suas esperanças, medos e preconceitos nos gráficos. Como afirmou o renomado investidor Warren Buffett: "O mercado de ações é um dispositivo para transferir dinheiro dos impacientes para os pacientes". Isso enfatiza a importância de evitar decisões impulsivas e influenciadas por desejos pessoais ao analisar os gráficos.

TENDÊNCIAS: SURFANDO NA ONDA DO MERCADO

Uma das premissas básicas da análise técnica é que "o preço se move em tendências". Uma tendência é a direção predominante do movimento do preço, seja de alta (*bullish*), de baixa (*bearish*) ou lateral (*sideways*).

Uma tendência se define quando os preços continuam se movendo para cima ou para baixo ao longo do tempo. Em uma tendência de alta, cada novo pico alcançado é mais alto do que o anterior, e cada recuo faz uma pausa em um nível também mais alto do que o último. Por outro lado, em uma tendência de baixa, cada novo mínimo é mais baixo do que o anterior, e cada subida atinge um ponto menos elevado do que o anterior.

Durante períodos de negociação, os preços tendem a flutuar dentro de uma faixa específica, com as subidas alcançando aproximadamente o mesmo nível e as quedas parando em pontos semelhantes.

Para ter sucesso, os *traders* precisam ser capazes de identificar essas tendências e faixas de negociação. Operar em tendências geralmente é mais fácil, pois o movimento do mercado é mais previsível e direcionado. Em contraste, ganhar dinheiro durante períodos de negociação é mais desafiador, a não ser que se usem estratégias como opções, que requerem habilidades específicas.

Diferentes táticas são necessárias para operar eficazmente em tendências e em faixas de negociação. Enquanto as tendências demandam estratégias que aproveitam o movimento contínuo dos preços, as faixas de negociação exigem abordagens que se ajustem à constância das flutuações dentro de um intervalo definido.

Identificar a tendência do mercado é essencial para tomar decisões de compra e venda alinhadas com o fluxo do mercado. Surfar na onda da tendência aumenta suas chances de sucesso e reduz os riscos.

Existem diversas ferramentas para identificar tendências, como:

- **Linhas de tendência:** linhas retas traçadas nos gráficos para conectar topos e fundos consecutivos, mostrando a direção da tendência. O mais importante a se observar nesse tipo de representação gráfica é o ângulo, porque ele indica as forças dominantes do mercado.

- **Médias móveis:** indicadores que suavizam as flutuações do preço, mostrando a tendência de modo mais claro. Eu, particularmente, gosto muito de utilizar médias móveis para operar e identificar a tendência do mercado. A média móvel que mais utilizo é a de 21 períodos exponenciais. Ela ajuda a indicar a direção da tendência e pode ser usada como uma linha de tendência de baixa (LTB) ou de alta (LTA), facilitando a análise de movimentos de preços.

Veja abaixo algumas imagens que mostram como essa estratégia funciona bem na prática — uma prova de que, muitas vezes, o simples é eficaz. Esse é o gráfico do ativo USDCAD em H4. Note como o preço acompanha a média móvel, indicando uma tendência de alta. Sempre que o gráfico retorna até a média, surge uma oportunidade de compra. É importante lembrar que, em algum momento, a tendência inevitavelmente mudará. É exatamente nesse momento que sua gestão financeira deve estar bem alinhada com sua estratégia para proteger seu capital e maximizar os resultados.

Figura 1 — USDCAD, H4

Fonte: metatrader5.com, 2025.

Figura 2 — Ativo AUD USD EM H4

Fonte: metatrader5.com, 2025.

Figura 3 — Ativo EUR USD EM H4

Fonte: metatrader5.com, 2025.

Esse tipo de operação tende a ser mais eficaz em pares de moedas e em gráficos de períodos maiores. Alinhado a uma boa gestão de risco, isso pode se tornar um *setup* poderoso e consistente para obter lucro no mercado.

Muitos iniciantes no mundo do *trading* acreditam que, para ganhar dinheiro, é necessário ter *setups* complexos e cheios de indicadores. No entanto, isso é um mito. Imagine que operar no mercado é como dirigir um carro: não é preciso entender todos os detalhes do motor para ir de um lugar a outro. A simplicidade é suficiente para chegar ao destino com segurança.

O mais desafiador para muitos é perceber o quanto o simples pode ser eficaz.

PADRÕES DE GRÁFICO: DECODIFICANDO OS SINAIS

Os padrões de gráfico são formações que se repetem nos gráficos, indicando possíveis reversões ou continuações de tendência. Eles são como pegadas que o mercado deixa para trás, mostrando o comportamento dos *traders* e as forças que estão em jogo.

O *trader* é como um caçador experiente, seguindo pistas sutis que só são perceptíveis para quem sabe como interpretá-las. Os padrões nos gráficos funcionam como sinais que ajudam a avaliar a probabilidade de uma tendência continuar ou reverter. Assim como um caçador lê sinais no ambiente para prever o movimento de sua presa, um *trader* utiliza esses padrões gráficos para antecipar os movimentos futuros do mercado. Alguns dos padrões de gráfico mais conhecidos são:

- **Ombro Cabeça Ombro (OCO):** um padrão de reversão de alta para baixa, caracterizado por três topos consecutivos, sendo o do meio (a cabeça) um pico de preço cercado por dois picos mais baixos (ombros).

- **Ombro Cabeça Ombro Invertido (OCOI):** é uma técnica usada para identificar possíveis reversões de tendência de baixa para alta no mercado financeiro. Quando o preço ultrapassa a linha de pescoço após a formação do ombro direito, isso sugere uma reversão da tendência de baixa para uma tendência de alta. Em outras palavras, o padrão cabeça e ombros invertido é visto como um sinal de que a pressão de venda está diminuindo e que a demanda pode estar começando a superar a oferta.

- **Retângulos:** o retângulo é uma figura gráfica que se forma quando o preço de um ativo oscila entre duas linhas horizontais, conhecidas como suporte e resistência. Esse padrão indica que o preço de um ativo está se movendo dentro de uma faixa horizontal, entre níveis de suporte e resistência, sem uma direção clara. Essa figura ajuda os *traders* a identificar períodos de acumulação ou distribuição, fornecendo pistas sobre possíveis movimentos futuros do mercado.

- **Triângulos:** padrões de continuação de tendência, formados por linhas convergentes que indicam um período de consolidação antes de uma possível explosão na direção da tendência anterior. Alguns analistas denominam os triângulos de *coils* (bobinas), porque nessa situação o mercado enrola-se em torno de si mesmo, comprimindo a energia dos *traders*.
- **Topos e fundos duplos:** um padrão de reversão de baixa para alta, caracterizado por dois fundos consecutivos, no mesmo nível de preço. Esses padrões são úteis para identificar possíveis reversões de tendência no mercado.
  - **Topos duplos**: esse padrão ocorre quando os preços sobem e alcançam um nível de alta (topo) e depois caem. Após uma queda, o preço tenta novamente subir até o mesmo nível do topo anterior. O segundo topo pode ser um pouco mais alto ou mais baixo do que o primeiro, o que pode confundir *traders* iniciantes.
  - **Fundos duplos**: esse padrão acontece quando os preços caem e atingem um nível de baixa (fundo) e depois sobem. Após essa alta, o preço cai novamente até aproximadamente o mesmo nível do fundo anterior. O segundo fundo pode ser um pouco mais profundo ou menos profundo que o primeiro, o que pode criar alguma confusão para quem está começando.

Operadores experientes utilizam indicadores técnicos para identificar esses padrões e confirmar a presença de topos e fundos duplos. Essas confirmações geralmente aparecem como divergências nos gráficos, em que os indicadores não seguem o mesmo padrão que o preço. Comprar durante um fundo duplo e vender a descoberto (*short*) durante um topo duplo pode oferecer boas oportunidades de negociação, pois esses padrões frequentemente sinalizam a mudança iminente de uma tendência.

INDICADORES E OSCILADORES TÉCNICOS: FERRAMENTAS DE ANÁLISE

Certamente! Como *trader*, entender a diferença entre indicadores e osciladores técnicos é fundamental para aprimorar sua análise de mercado.

Os indicadores técnicos são ferramentas matemáticas que utilizam dados de preço e volume para gerar sinais de compra e venda. Eles são como instrumentos que amplificam os sinais do mercado, tornando-os mais visíveis e facilitando a tomada de decisões. Eles são derivados dos preços passados e são usados para entender a tendência, a força e a volatilidade do mercado.

Já os osciladores são um tipo específico de indicador técnico que se move dentro de uma faixa fixa e ajudam a identificar condições de sobrecompra ou sobrevenda, além de possíveis reversões de tendência. Eles são úteis em mercados laterais, em que os preços não estão claramente em tendência.

Usar indicadores e osciladores juntos pode fornecer uma análise mais robusta. Por exemplo, você pode usar Médias Móveis para identificar a tendência geral e o RSI para encontrar pontos de entrada ou saída quando o mercado está em condições extremas.

Integrar essas ferramentas na sua análise técnica permite uma compreensão mais completa do mercado e melhora sua capacidade de tomar decisões informadas e estratégicas.

Alguns dos indicadores e osciladores técnicos mais utilizados são:

- **Médias Móveis (MM):** é um indicador técnico amplamente utilizado no mercado financeiro para analisar a direção e a suavidade das tendências de preços. As MM são indicadores que suavizam as flutuações de preço para ajudar a identificar tendências mais claramente. Elas calculam a média dos preços de um ativo ao longo de um determinado período, fornecendo uma linha que pode ser sobreposta aos gráficos de preços. O termo Média Móvel refere-se ao fato de que o cálculo da média é atualizado continuamente à medida que novos dados entram. Por exemplo, em uma média móvel de dez dias, cada novo dia remove o preço do 11.º dia anterior e adiciona o preço mais recente, "movendo" a média ao longo do tempo. As MM podem ser classificadas em dois tipos:
    - **Média Móvel Simples (SMA)**: calcula a média aritmética dos preços de um ativo durante um período específico. Por exemplo, uma SMA de vinte dias é a soma dos preços de fechamento dos últimos vinte dias dividida por vinte.
    - **Média Móvel Exponencial (EMA)**: dá mais peso aos preços mais recentes, o que a torna mais sensível às mudanças rápidas de preço. A fórmula é um pouco mais complexa e envolve um fator de suavização.

As Médias Móveis são uma ferramenta fundamental na análise técnica porque ajudam a filtrar o "ruído" do mercado e fornecem uma visão mais clara da tendência geral. Seja você um *trader* iniciante, seja um experiente, entender e aplicar Médias Móveis pode aprimorar sua análise de mercado e melhorar suas decisões de *trade*.

- **MACD (*Moving Average Convergence Divergence*):** é um dos osciladores técnicos mais populares e versáteis usados por *traders* para analisar tendências e identificar possíveis sinais de compra ou venda. Ele combina duas Médias Móveis Exponenciais (EMAs) de diferentes períodos para mostrar a convergência e divergência entre elas. Ele é projetado para identificar mudanças na força, direção, *momentum* e duração de uma tendência de preço. O MACD é uma ferramenta poderosa para *traders* porque fornece uma visão clara sobre a força e a direção da tendência. Ao observar os cruzamentos, convergências e divergências e a análise do histograma, você pode obter sinais valiosos sobre quando entrar ou sair de uma posição. É uma ferramenta técnica que, quando usada corretamente, pode melhorar significativamente sua estratégia de negociação. O MACD também inclui um histograma para visualizar a diferença entre as médias móveis.

- **Sistema estocástico**: o indicador estocástico é um tipo de indicador oscilador utilizado por *traders* na análise técnica para descobrir o melhor momento de comprar ou vender um ativo. Com base na análise, é possível entender o comportamento do mercado e encontrar o chamado *momentum*. Funciona como um identificador de momentos quando o preço da ação está muito abaixo ou acima em relação ao histórico de preços recentes. Para isso, existem duas linhas de oscilação: K e D, utilizadas para identificar condições de sobrecompra e sobrevenda em um ativo financeiro. Imagine que estamos em um parque de diversões, e o indicador estocástico é como uma montanha-russa. O movimento dessa montanha-russa representa o comportamento dos preços de um ativo. Na montanha-russa, temos dois carrinhos: o carrinho K e o D. O carrinho K é mais ágil e reage rapidamente às subidas e descidas do percurso. O carrinho D, por outro lado, é um pouco mais lento e mais estável, oferecendo uma visão geral do movimento da montanha-russa. Quando os carrinhos sobem, isso representa quando o preço do ativo está em alta. Se o carrinho K sobe muito rápido e ultrapassa o carrinho D, isso pode ser um sinal de que o preço está se aproximando de uma condição de sobrecompra — como se a montanha-russa estivesse muito alta e começasse a balançar. Nesse ponto, pode ser uma boa ideia considerar vender, pois o preço pode estar prestes a descer. No final da montanha-russa, temos os níveis de sobrecompra e sobrevenda. Se ambos os carrinhos estiverem próximos do topo da montanha (acima de oitenta), é um sinal de que o ativo pode estar sobrecomprado. Por outro lado, se os carrinhos estiverem próximos do fundo (abaixo de vinte), isso indica que o ativo pode estar sobrevendido — a montanha-russa está no fundo e pode estar prestes a subir novamente. Assim como você espera o momento certo para entrar em um brinquedo, o estocástico ajuda os *traders* a identificar o *momentum* do mercado. Quando os carrinhos K e D começam a se aproximar do fundo após uma descida (sobrevenda), isso pode ser um bom momento para comprar, pois a montanha-russa pode estar prestes a fazer uma nova subida.

■ Portanto, o indicador estocástico é uma ferramenta que o ajuda a visualizar o movimento do mercado, assim como a montanha-russa ilustra as subidas e descidas. Usando as linhas K e D, você pode identificar se o ativo está sobrecomprado ou sobrevendido e, assim, tomar decisões mais informadas sobre quando comprar ou vender. A chave é observar os carrinhos e entender onde estão na montanha-russa do mercado!

■ **RSI (*Relative Strength Index*):** um indicador de oscilador que mede a força relativa de um ativo, indicando condições de sobrecompra (acima de setenta) e sobrevenda (abaixo de trinta). Mede a velocidade e a mudança dos movimentos de preços. O RSI varia de zero a cem e geralmente usa setenta como nível de sobrecompra e trinta como nível de sobrevenda.

■ **Bandas de *Bollinger*:** são um indicador que mede a volatilidade que mostra a faixa de flutuação do preço indicando possíveis rompimentos e retestes das bandas e ajuda a identificar possíveis pontos de reversão de preço com base na largura das bandas e na posição dos preços em relação às bandas superior e inferior. Usar Bandas de Bollinger corretamente pode fornecer *insights* valiosos sobre a volatilidade do mercado e ajudar a identificar oportunidades de negociação.

ENCONTRANDO SEU ESTILO DE ANÁLISE

Assim como cada pessoa tem seu próprio jeito de dançar, cada *trader* desenvolve seu próprio estilo de análise técnica. Alguns preferem uma abordagem mais simples, baseada em gráficos e tendências, enquanto outros utilizam uma combinação de indicadores e padrões de gráfico para tomar decisões mais precisas.

O importante é encontrar o estilo que se adapta melhor ao seu perfil, ao seu tempo disponível e aos seus objetivos no mercado. Lembre-se: não existe uma fórmula mágica para o sucesso no *trading*, mas sim um caminho de aprendizado contínuo e aprimoramento das suas habilidades. Assim como na vida, no *trading* também descobri a importância de buscar referências, de me inspirar em quem já trilhou um caminho de sucesso. Lembro-me da minha infância, já mencionei que a minha realidade era parecida com a maioria das pessoas, e ela era bem diferente da do meu amigo Júnior. Ele tinha acesso a coisas que eu, na época, considerava um luxo: carne todos os dias, um computador, videogames e, principalmente, refrigerante, que na minha casa era uma raridade.

Essa experiência me mostrou que existiam outras realidades, outras possibilidades, e acendeu em mim uma chama de insatisfação, um desejo de alcançar algo melhor. Anos mais tarde, meu amigo Fabrício, com seu trabalho e conquistas, me mostrou que era possível romper com os limites da minha realidade.

Ele me levou para conhecer o mundo fora da minha caverna, me proporcionou experiências que jamais imaginei viver e plantou em mim a semente da ambição. Ao observar a trajetória deles, aprendi a importância de ter objetivos claros, de buscar inspiração em pessoas que admiro e de traçar meu próprio caminho.

No *trading*, a busca por um estilo de análise é como essa jornada de autoconhecimento e inspiração. Observando outros *traders*, testando diferentes abordagens e ferramentas, você vai descobrindo qual a melhor forma de dançar no mercado, de acordo com seu ritmo, sua personalidade e seus objetivos.

Vamos imaginar, por exemplo, um cenário otimista: o mercado está bombando, o ativo subindo como um foguete e o gráfico é só alegria, com velas verdinhas apontando para o céu! Essa é a hora de se juntar aos compradores. O ideal é esperar um respiro, um *pullback* do mercado, ou seja, uma pequena queda que lhe permita entrar na onda com um preço mais convidativo.

Mas e se o gráfico lhe mostrar um cenário de caos, um mercado em queda livre? Aí a minha sugestão é inverter a lógica e se juntar ao time dos vendedores. A estratégia nesse caso é esperar o ativo subir um pouquinho, dar aquele suspiro de alívio e vender na alta para recomprar quando o preço cair ainda mais. É como surfar na onda da queda.

E, quando o gráfico estiver aquela calmaria, sem grandes emoções, parecendo um mar de sargaço? O nome desse cenário é mercado lateral. Nesse caso, é preciso ter mais cautela e usar outras estratégias, como opções, que lhe permitam lucrar mesmo quando o mercado estiver de lado.

A sacada aqui é entender que tudo no mercado financeiro é uma troca, uma negociação entre esses dois times, e a sua missão é estar sempre do lado vencedor!

A ideia é lhe mostrar que você não precisa ser um gênio da matemática para entender o mercado financeiro. O que você precisa é de conhecimento e, principalmente, prática!

A IMPORTÂNCIA DA PRÁTICA

A análise técnica é como qualquer outra habilidade: quanto mais você pratica, melhor você se torna. Dedique tempo para estudar os gráficos, os indicadores e os padrões de gráfico. Teste diferentes estratégias, experimente diferentes ferramentas e encontre o que funciona melhor para você.

Lembre-se: o mercado está em constante mudança, e você precisa estar sempre se adaptando e evoluindo. Mantenha a mente aberta para novas ideias, busque conhecimento constantemente e nunca pare de aprender.

DESPERTANDO O ANALISTA QUE EXISTE EM VOCÊ

Agora que você já conhece os principais elementos da análise técnica, é hora de colocar a mão na massa e começar a decifrar a linguagem do mercado. Para ajudá-lo nesse processo, preparei um exercício especial:

EXERCÍCIO: SEU PRIMEIRO MAPA DA JORNADA

1. **Escolha um ativo que te interesse** (ações, índices, moedas etc.).

2. **Acesse um gráfico desse ativo em um site confiável** (*TradingView*, *Metatrader* etc.).

3. **Identifique a tendência predominante do ativo.** Utilize as ferramentas que aprendeu neste capítulo (linhas de tendência, médias móveis).

4. **Busque por padrões de gráfico.** Anote os padrões que você encontrar e o que eles indicam (reversão ou continuação de tendência).

5. **Experimente diferentes indicadores técnicos.** Observe como eles se comportam em relação ao preço e se eles confirmam os sinais que você identificou.

Você já viu tudo isto: indicadores, figuras gráficas, suportes, resistências, mas aqui vai a sacada mais importante: você não precisa dominar todos esses elementos com perfeição. Sabe por que ofereço tantas alternativas? Porque entendo que cada *trader* pode se identificar com uma abordagem diferente.

Conheço pessoas que estudam por anos, acumulam conhecimento sobre todos os indicadores e tipos de análise, mas, ainda assim, não conseguem ser lucrativas no mercado. Saber muito não é garantia de lucro, a menos que seu objetivo seja, além de ser *trader*, também ser um professor.

A grande sacada está em simplificar e seguir com consistência o seu plano. No momento em que escrevo este livro, minha mentoria tem um histórico de 24 meses de ganho e apenas três meses de perdas, com um saldo muito positivo ao final desse período. E adivinhe: eu não aplico todas as análises que aprendi nos últimos oito anos; utilizo apenas nosso *setup* de *swing trade*.

Ao eliminar o excesso de informações, posso concentrar toda a minha energia em fazer o meu melhor dentro do *setup* que escolhemos para operar. É como um chef de cozinha: ele pode conhecer várias técnicas e ingredientes, mas, para criar um prato perfeito, escolhe apenas o que é essencial, focando na execução impecável.

Não confunda simplicidade com descuido. O fato de ser simples não significa que é feito de qualquer jeito; pelo contrário, analisamos cada detalhe dentro das nossas operações. É essa atenção cuidadosa que nos faz ser profissionais e consistentes no mercado.

Capítulo 5

O diário de *trading*: seu confidente no mercado financeiro

No frenético turbilhão do *trading*, em que gráficos dançam freneticamente, notícias explodem como bombas e oportunidades se materializam e evaporam em segundos, é fácil se perder na adrenalina da ação. A busca incessante pelo próximo *trade*, pela próxima vitória, pode cegar para a importância da análise crítica do caminho já percorrido. Assim como um experiente capitão que meticulosamente registra cada detalhe da jornada em um diário de bordo, um *trader* de sucesso precisa de um diário de *trading*. Isso mesmo! Ele deve ser o seu confidente silencioso, um espaço sagrado em que você deve documentar cada movimento, cada decisão e, principalmente, cada emoção que o impulsionou em determinado momento, durante um *trade*.

Criar um diário de *trading* é um hábito fundamental para *traders*, tanto do ponto de vista técnico quanto emocional. Eu costumo dizer que sou o cara das analogias. Didaticamente, como bem diz o ditado: os exemplos arrastam.

Assim como você visita um médico regularmente para monitorar sua saúde e corrigir problemas antes que se tornem graves, um diário de *trading* funciona como um relatório detalhado da sua saúde financeira e emocional. Ao registrar suas operações, você consegue identificar padrões, erros recorrentes e áreas para melhorar. Sem esse acompanhamento, problemas podem se agravar e se tornar mais difíceis de corrigir.

Uma coisa que, sempre que posso, não canso de reforçar é que a importância da autoanálise no *trading* não pode ser subestimada. Registrar os seus *trades*, vitórias e derrotas é apenas o primeiro passo. O verdadeiro ouro reside em mergulhar nas profundezas da sua mente e anotar os sentimentos, os medos, as dúvidas e as expectativas que o acompanharam em cada operação. Essa prática o transforma em um arqueólogo da sua própria mente, desvendando os segredos por trás das suas decisões. E ter isso sempre em mãos funciona como um livro de receitas para um *chef* de cozinha ou até mesmo uma dona de casa, que, ao decidir fazer um bolo ou um prato especial, pode ser traída pela memória e desandar o resultado. Quando você tem tudo anotado, a chance de errar ou falhar, pode ter certeza, diminui drasticamente.

Imagine, por exemplo, que você tenha realizado uma série de *trades* lucrativos. A euforia toma conta, e a sensação de invencibilidade o impulsiona a aumentar o risco nas próximas operações. Sem o diário de *trading*, esse ciclo de euforia e posterior frustração (quando, inevitavelmente, o mercado se volta contra você) pode se repetir indefinidamente, impedindo que você identifique a raiz do problema: a falta de controle emocional. Ao registrar suas emoções, você percebe que a ganância o dominou, levando a decisões impulsivas e desastrosas.

Da mesma forma, ao analisar seus registros de *trades* negativos, você pode descobrir que o medo do *loss* o paralisou, impedindo-o de entrar em operações com alta probabilidade de lucro, ou que a falta de confiança em seu sistema o levou a abandoná-lo precocemente. O diário de *trading* age como um espelho, revelando seus pontos cegos e o guiando para uma jornada de autoconhecimento e aprimoramento.

Emocionalmente, manter um diário é como ter um terapeuta pessoal. Ele ajuda a refletir sobre suas emoções durante o *trading*, entender o que influenciou suas decisões e como reagiu a diferentes situações. Com isso, você se torna mais consciente e capaz de gerenciar suas emoções de forma mais eficaz.

Imagine que você está planejando uma viagem. O diário de *trading* é como um roteiro detalhado da sua jornada. Ele ajuda a mapear onde você começou, quais rotas tomou, onde encontrou dificuldades e o que aprendeu em cada etapa. Se você não documentar sua viagem, é fácil se perder ou repetir os mesmos erros em futuras jornadas. Da mesma forma, registrar suas emoções e decisões é como anotar o que sentiu em cada parte da viagem. Você pode perceber se certas rotas ou situações causam estresse ou satisfação e, com isso, ajustar seu roteiro para futuras viagens, tornando-as mais agradáveis e bem-sucedidas.

"Você é um reflexo da sua mentalidade."

Um diário de *trading* é como um manual de instruções para operar seu próprio "sistema de *trading*". Ao registrar suas estratégias, regras e resultados, você cria um guia detalhado sobre o que funciona e o que não funciona para você. Assim, você pode ajustar e aprimorar suas estratégias com base em informações concretas, e não apenas em intuições. Emocionalmente, o diário ajuda a entender e gerenciar seus próprios "sistemas operacionais". Ele revela como suas emoções afetam suas decisões e como você pode calibrar sua mente para lidar melhor com situações estressantes, como perdas e ganhos inesperados.

Registrar suas reações e emoções durante um *trade* pode ajudar a reconhecer gatilhos emocionais e desenvolver técnicas para gerenciá-los melhor, reduzindo a influência negativa das emoções nas suas decisões.

Em resumo, o diário de *trading* é uma ferramenta poderosa para qualquer *trader* que deseja melhorar suas habilidades e resultados. Ele não só fornece uma visão técnica detalhada das suas operações, mas também oferece um espaço para entender e controlar o impacto emocional do *trade*, facilitando uma jornada mais consciente e eficiente.

Com o tempo, você conseguirá identificar padrões nos seus erros e sucessos. Isso é crucial para fazer ajustes e melhorar continuamente sua estratégia de *trading*.

O processo de escrever sobre suas operações e emoções permite uma reflexão mais profunda sobre suas decisões e sentimentos, ajudando a aprender com suas experiências.

"Repetição com correção leva à perfeição."

Para um *trader* se aprimorar, é essencial manter um diário detalhado de suas operações. Um dos maiores benefícios de registrar cada negociação é a capacidade de identificar os erros cometidos e refletir sobre eles. Ao revisar frequentemente o diário, o *trader* pode se lembrar dos equívocos anteriores e, com isso, evitar repeti-los no futuro. Em resumo, a prática constante de análise do próprio desempenho é uma ferramenta crucial para a evolução no *trading*.

Esse capítulo é um *insight* poderosíssimo, pois, sem métricas, é impossível medir um resultado.

DESVENDANDO OS SEGREDOS DO MERCADO: ANÁLISE TÉCNICA E AUTOCONHECIMENTO EM AÇÃO

Ao analisar seus *trades* com atenção, você poderá identificar padrões de comportamento que se repetem, como:

■ **Horários de maior impulsividade:** você opera melhor pela manhã ou à tarde? Existem horários em que você tende a tomar decisões mais impulsivas?

■ **Ativos e estratégias mais lucrativas:** quais ativos e estratégias lhe proporcionam os melhores resultados? Quais geram mais perdas?

■ **Gatilhos emocionais:** quais situações o levam a tomar decisões precipitadas? Você se deixa influenciar pelas notícias, pelo medo de perder ou pela euforia dos ganhos?

Com base nesses padrões, você poderá aprimorar sua estratégia e desenvolver um plano de ação para otimizar sua performance. Por exemplo, se você perceber que opera melhor pela manhã, poderá concentrar os seus *trades* nesse período e evitar operar em horários de maior impulsividade. Se identificar que uma determinada estratégia tem gerado perdas consistentes, poderá abandoná-la ou modificá-la para torná-la mais eficaz.

Além da análise técnica, o diário de *trading* lhe permite desenvolver o autoconhecimento, essencial para o sucesso no *trading*. Ao registrar seus sentimentos, você compreende melhor como suas emoções influenciam suas decisões e aprende a controlá-las para operar com mais racionalidade e disciplina.

ANATOMIA DE UM DIÁRIO DE *TRADING*: REGISTRANDO A JORNADA PARA O SUCESSO

Para construir um diário de *trading* eficaz, você pode utilizar diferentes ferramentas, como planilhas, cadernos ou aplicativos específicos para essa finalidade. A escolha da ferramenta é pessoal, mas o importante é que você registre as informações de forma organizada e detalhada. Aqui estão os elementos essenciais que você deve incluir:

INFORMAÇÕES SOBRE UM *TRADE*

■ **Data e hora da operação:** anote a data e a hora exata de entrada e saída.

■ **Ativo negociado:** detalhe o ativo (ex: EURUSD, USDJPY, US30, US100).

■ **Tipo de operação:** compra ou venda.

■ **Ponto de entrada:** preço exato de entrada.

■ ***Stop loss*:** preço do *stop loss*.

- **Ponto de saída:** preço exato de saída.
- **Resultado:** lucro ou prejuízo em valor absoluto e percentual.

ANÁLISE SUBJETIVA

- **Motivação:** por que você decidiu entrar nesse *trade*? O que lhe chamou a atenção? (ex.: análise técnica, *setup* específico, notícias, oportunidade, intuição).
- **Sentimentos:** descreva, de forma honesta, seus sentimentos antes, durante e depois da operação (ex.: medo, euforia, ansiedade, confiança, frustração).
- **Plano de *trading*:** você seguiu seu plano de *trading* à risca? Se não, por quê?
- **Erros e acertos:** identifique os erros e acertos que você cometeu durante a operação.
- **Plano de ação:** defina ações para corrigir os erros e para melhorar sua estratégia.

CONTEXTO DO MERCADO

- **Notícias relevantes:** houve alguma notícia ou evento importante que influenciou sua decisão de entrar ou sair do *trade*?
- **Condições de mercado:** o mercado estava em tendência de alta, de baixa ou lateralizado? Qual era o sentimento geral do mercado? (ex.: otimismo, pessimismo, incerteza).
- **Análise gráfica:** faça um print do gráfico e marque os pontos relevantes do seu *trade* (ponto de entrada, *stop loss*, ponto de saída, suportes e resistências).

Ter um diário de *trading* é uma prática amplamente recomendada por *traders* de sucesso e especialistas em finanças. Aqui eu compartilho com você algumas referências bibliográficas que ajudam a reforçar o que disse sobre ter um diário de *trading* para repetir operações bem-sucedidas e corrigir erros.

Um renomado especialista em psicologia do *trading,* Van K. Tharp, enfatiza a importância de manter um diário de *trading* para monitorar o desempenho e identificar padrões. Ele argumenta que um diário ajuda os *traders* a ajustar as estratégias com base em análises detalhadas das operações passadas, melhorando a repetição de operações bem-sucedidas e a correção de erros. (Tharp, V. K. (2006). *Trade Your Way to Financial Freedom. McGraw-Hill Education.*)

O escritor Ryan Jones discute a importância de um diário de *trading* como uma ferramenta essencial para analisar e ajustar estratégias de *trading*. Ele destaca como um registro detalhado ajuda a avaliar o desempenho das operações, identificar erros e repetir o que funciona, aumentando as chances de sucesso. (Jones, R. (2008). *The Trading Game: Playing by the Numbers to Make Millions. CreateSpace Independent Publishing Platform.*)

Já o psiquiatra e escritor Brett N. Steenbarger explora como a psicologia do *trading* e o gerenciamento emocional são fundamentais para o sucesso. Ele recomenda o uso de um diário de *trading* para entender e melhorar a psicologia do *trader*, refletindo sobre decisões e emoções associadas a cada operação.

(Steenbarger, B. N. (2003). *The Psychology of Trading*: Tools and Techniques for Minding the Markets. Wiley.)

Um dos autores que mais admiro, reconhecido internacionalmente na comunidade de *trading* pelo seu primeiro *best-seller*, o livro *Trading for a Living* (Wiley, 1993), Alexander Elder, aborda neste livro a importância de um diário de *trading* como parte fundamental de um plano de *trading* bem-sucedido. Elder detalha como o diário pode ajudar a controlar emoções e melhorar a tomada de decisões ao permitir uma análise crítica das operações e suas consequências.

Na versão atualizada do livro (Elder, A. (2014). *The New Trading for a Living. Wiley.*), Elder também reforça a importância de manter um diário de *trading* e oferece *insights* sobre como utilizar o diário para analisar erros e sucessos passados e aprimorar as estratégias de *trading*.

Esses livros oferecem uma base sólida sobre a importância do diário de *trading*, abordando tanto a análise técnica quanto a psicologia do *trading*. Eles mostram como manter um registro detalhado pode melhorar, significativamente, o desempenho e a eficiência no *trading*.

"Se você não tem um diário de trading, você está apenas confiando na memória."

Mark Douglas

Essa frase que ilustra bem a importância de manter um diário de *trading* vem de Mark Douglas, um renomado autor e especialista em psicologia do *trading*.

E a memória, há de se dizer, é uma péssima ferramenta para o crescimento e aprimoramento. Essa citação reflete a ideia de que o diário de *trading* é crucial para o desenvolvimento contínuo e a correção de erros, oferecendo uma maneira sistemática de analisar e aprimorar suas práticas de *trading*. Um diário de *trading* é portanto uma base sólida para aprender e se adaptar.

O DIÁRIO DE *TRADING* EM AÇÃO: TRANSFORMANDO DADOS EM SABEDORIA

Com o tempo, seu diário de *trading* se tornará um mapa detalhado da sua jornada no *trading*, revelando seus pontos fortes, seus pontos fracos e as armadilhas que você precisa evitar. Analise seus registros periodicamente, buscando padrões e *insights*. Reflita sobre suas decisões e sobre o impacto das emoções na sua *performance*. Identifique os fatores que contribuem para seus sucessos e aqueles que te levam aos erros. A partir dessa análise crítica, você poderá ajustar sua estratégia, fortalecer sua disciplina e tomar decisões mais assertivas.

O diário de *trading* não é apenas um registro de números e gráficos, mas um espelho da sua mente. Ele o ajuda a entender quem você é como *trader*, a superar seus limites e a trilhar o caminho do sucesso nos mercados financeiros. Use-o com disciplina e transforme seus erros em valiosas lições para construir uma carreira sólida e lucrativa!

“Para vencer os touros e os ursos, você precisa primeiro entender o jogo que eles jogam.”

Jesse Livermore
(Especulador financeiro que abalou Wall Street nas primeiras décadas do século 20)

Parte III:

Dominando a Arte da Consistência

PARTE 3

Capítulo 6

Desvendando o jogo de touros e ursos

"Para vencer os touros e os ursos, você precisa primeiro entender o jogo que eles jogam."

Jesse Livermore

(Especulador financeiro que abalou Wall Street nas primeiras décadas do século 20)

Adentrar o mundo do *trading* sem antes entender a dinâmica básica do mercado é como entrar em um ringue de boxe sem saber a diferença entre um jab e um cruzado. Você pode até dar alguns golpes de sorte, mas a chance de sair nocauteado é enorme. Neste capítulo, vou desmistificar o campo de batalha do mercado financeiro por meio da analogia dos touros e ursos, desvendando as estratégias, táticas e, mais importante, como você pode usar essa sabedoria ancestral para operar com mais confiança e inteligência.

Diz a lenda de *Wall Street* que o touro representa mercados em alta, preço de ativos subindo; o touro ataca com seu chifre de baixo para cima. O urso representa mercados em baixa, preços de ativos em queda; a patada do urso vem de cima para baixo. Não se sabe ao certo se essas histórias são verdadeiras, mas representam muito bem o funcionamento dos mercados. São forças ligadas ao chamado sistema límbico, também conhecido como cérebro emocional, um conjunto de estruturas localizado no cérebro dos mamíferos, abaixo do córtex, responsável por todas as respostas emocionais, ou seja, todos os nossos instintos mais primitivos e profundezas de nosso inconsciente: o medo e a ganância. Nos momentos de alta, os *bulls* mandam, e todos os mercados sobem, a ganância fala mais alto do que o medo. Nos momentos de baixa e até pânico, os ursos dominam. O medo toma conta de todos, e os ativos desabam. Daniel Kahneman e outros pesquisadores das finanças comportamentais estudaram como esses sentimentos "irracionais" comandam nossas decisões financeiras e os mercados. Para ganhar dinheiro basta comprar em mercados "*bullish*" e vender em mercados "*bearish*".

Bullish e *bearish* são adjetivos oriundos das expressões "*bull market*" e "*bear market*" — termos em inglês designados para representar o mercado em alta e em baixa respectivamente. No *bull market*, ou mercado do touro, os preços das ações estão subindo. Em contrapartida, no *bear market*, ou mercado do urso, as ações estão em queda. Portanto, quando você ouvir falar em *bullish*, o cenário é bastante otimista. Já para cenários pessimistas, é dado lugar ao *bearish*.

Sempre que for comprar títulos, comprar ações ou moedas, o importante é entender antes a psicologia ou "*mood*" (humor) do mercado. Temos que tentar entender o efeito manada, dos *bulls* ou dos *bears*, antes de tomar decisões.

TOURO VS URSO: UMA BATALHA MILENAR POR DOMÍNIO

Imagine a arena do mercado como um cabo de guerra. De um lado, os touros, imponentes e impetuosos, puxando a corda com toda a força, representando o otimismo, a crença na prosperidade e a força dos compradores. Do outro lado, os ursos, astutos e estratégicos, puxando a corda para baixo com garras afiadas, representando o pessimismo, o medo da perda e a força dos vendedores.

Essa analogia, embora simplista, ilustra com maestria a eterna luta entre otimismo e pessimismo, ganância e medo, que move os mercados desde os primórdios da civilização. É importante entender que não se trata de torcer para um lado ou outro, mas sim de identificar quem está vencendo em cada momento e se posicionar estrategicamente para surfar a onda dominante.

DECIFRANDO A LINGUAGEM DO MERCADO: SINAIS DE UM BULL MARKET

Um mercado em alta, o famoso *bull market*, é como uma sinfonia de otimismo, em que os compradores ditam o ritmo, e os preços dançam ao som da prosperidade. Identificar os sinais dessa dança é crucial para qualquer *trader* que busca lucrar com a maré favorável:

- **Ascensão implacável:** o touro, em fúria otimista, carrega os preços para cima, criando uma tendência de alta consistente, com topos e fundos cada vez mais altos nos gráficos. É como se a força gravitacional do mercado se invertesse, puxando tudo para cima.

- **Volume contagiante:** assim como uma multidão eufórica em um show, o volume de negociações explode em um *bull market*. Os compradores, confiantes na valorização dos ativos, entram em peso, criando um frenesi de compras e impulsionando os preços ainda mais para cima.

- **Indicadores alinhados:** ferramentas técnicas como médias móveis, MACD, IFR e outros indicadores acompanham a dança dos preços, confirmando a força da tendência de alta e fornecendo sinais de compra consistentes. É como se o maestro da orquestra estivesse guiando os músicos para um crescendo poderoso e harmônico.

ESTRATÉGIAS PARA O REINADO DO TOURO: SURFE A ONDA DA PROSPERIDADE

Em um mercado em alta, a estratégia é clara: unir-se aos touros, comprar na baixa e vender na alta, surfando a onda de otimismo e colhendo os lucros da maré favorável.

- **Identifique as estrelas em ascensão:** busque ativos com potencial de valorização, como empresas sólidas em setores promissores, ações que demonstram força relativa e criptomoedas inovadoras. Faça sua pesquisa, analise os fundamentos e siga os sinais do mercado. Se perceber que isso é algo muito avançado para você neste momento, saiba que o próprio gráfico lhe mostra a tendência de um ativo, e, se você usar uma média móvel exponencial de 21 períodos, vai ajudá-lo ainda mais.

- **Entre na dança com estratégia:** utilize ordens de compra a mercado para entrar rapidamente em posições promissoras, ou defina ordens limitadas para comprar em pontos estratégicos, buscando o melhor preço possível.

- **Gerencie o risco com disciplina:** mesmo em um mercado em alta, é crucial definir os *stop loss* para proteger seu capital de eventuais correções e movimentos inesperados. Lembre-se: a ganância pode ser um inimigo perigoso, mesmo para o touro mais experiente. Lembro-me como se fosse hoje daquela caixa de perguntas no Instagram. Alguém me perguntou: “Para mudar, coragem ou disciplina?”. Dei uma risada e respondi: “Quem disse que você precisa escolher? Você precisa dos dois!”. E essa resposta ecoa em mim até hoje, porque essa é a grande verdade do *trading* e da vida. Para mudar, para se transformar na pessoa que você almeja ser, para alcançar o sucesso que você tanto busca, você precisa ter a coragem de dar o primeiro passo. A coragem de sair da sua zona de conforto, de desafiar o *status quo* e trilhar um caminho diferente, que a maioria das pessoas teme percorrer. É preciso ter culhão para olhar para o mercado e dizer: "Eu vou na direção contrária! Eu vou construir meu próprio sucesso!". Mas a coragem sozinha não basta. É como um touro desgovernado, correndo sem rumo, cheio de força, mas sem direção. A disciplina é a bússola que guia essa força, o mapa que o leva ao seu destino. É ela que o mantém no caminho quando as coisas ficam difíceis, quando o medo e a incerteza o assombram, quando os *loss* o fazem questionar suas escolhas. E, acredite em mim, no começo, a maioria das coisas vai dar errado. Faz parte do processo. A disciplina o faz levantar todos os dias e continuar lutando, mesmo quando o mercado parece conspirar contra você. É ela que o impulsiona a estudar, a aprimorar suas estratégias, a controlar suas emoções e a gerenciar seus riscos. A disciplina é a base sólida sobre a qual você constrói seu sucesso no mercado financeiro. Sem ela, a coragem se torna imprudência, e a imprudência o leva à ruína.

E é nesse ponto que a maioria dos *traders* se perde. Eles entendem a importância da disciplina, mas não sabem como aplicá-la de forma consistente. É como se tivessem a bússola, mas não soubessem ler os sinais. E é aí que entram as sacadas que o ajudam a enxergar o mercado com outros olhos, a transcender os métodos tradicionais e a desenvolver uma disciplina à prova de balas.

"Disciplina não é apenas seguir regras, é entender o porquê por trás delas."

A maioria dos *traders* iniciantes busca regras prontas, fórmulas mágicas que os levem ao sucesso instantâneo. Mas o mercado é um organismo vivo, em constante mutação, e as regras que funcionam hoje podem não funcionar amanhã. A verdadeira disciplina está em entender o "porquê" por trás das regras, os princípios que as sustentam, a lógica do mercado que as justifica.

É como aprender a pescar, em vez de simplesmente receber o peixe. Quando você entende os fundamentos, você se torna capaz de adaptar suas estratégias às mudanças do mercado, de criar suas próprias regras e de navegar com segurança em qualquer situação.

"Disciplina é a habilidade de seguir um conjunto de regras e diretrizes com a compreensão profunda do porquê dessas regras. Não é apenas sobre seguir regras, mas sobre entender os princípios que as sustentam."

Mark Douglas

(Renomado autor e *trader*)

Essa citação destaca que a verdadeira disciplina no *trading* vai além da simples obediência a regras; ela envolve compreender os princípios subjacentes que guiam essas regras.

"Domine suas emoções, mas não as ignore."

O controle emocional é fundamental para o sucesso no *trading*. Medo, ganância, euforia, desespero, todos esses sentimentos podem levá-lo a tomar decisões impulsivas e prejudiciais. Mas tentar suprimir completamente suas emoções é como tentar conter um vulcão em erupção. Mais cedo ou mais tarde, a pressão vai se acumular e explodir.

A chave está em reconhecer suas emoções, entender o que as desencadeia e aprender a usá-las a seu favor. O medo pode alertá-lo dos riscos, a ganância pode impulsionar a buscar por oportunidades, a euforia pode lhe indicar um momento de alta, o desespero pode lhe sinalizar a necessidade de reavaliar sua estratégia. Aprenda a ler a linguagem das suas emoções e use-a como um guia complementar à sua disciplina racional.

Uma citação que se encaixa bem nessa ideia é de Paul Tudor Jones, um *trader* renomado e fundador da Tudor Investment Corp. Ele disse:

"A chave para o sucesso no trading é dominar suas emoções, mas não ignorá-las. Entender e gerenciar suas emoções é essencial para tomar decisões racionais e eficazes no mercado."

Paul Tudor Jones

Esta frase enfatiza a importância de reconhecer e lidar com suas emoções de forma construtiva, em vez de simplesmente tentar ignorá-las.

"O mercado é um espelho da sua mente."

Essa é uma verdade profunda que poucos *traders* compreendem. Seus resultados no mercado refletem diretamente o seu estado mental, crenças, medos e expectativas. Se você opera com medo de perder, você vai perder. Se você opera com a crença de que não é bom o suficiente, você não vai ser. Se você opera com a expectativa de ficar rico rápido, você vai se frustrar.

A chave para mudar seus resultados é mudar sua mentalidade. Trabalhe seu autoconhecimento, identifique suas crenças limitantes, reprograme seus padrões de pensamento e cultive uma mentalidade de sucesso. Quando você transforma sua mente, você transforma seus resultados.

> ***"O mercado é um espelho da mente dos traders. O que vemos no mercado é uma projeção de nossos próprios medos, desejos e emoções."***
>
> **Alexander Elder**

Essa citação do renomado *trader* e autor de vários livros, inclusive do livro que ele aborda essa questão, *Come into my trading room*, Alexander Elder reforça a ideia de que o mercado reflete o estado da mente de um *trader* e ilustra um conceito profundo e fundamental no *trading*: a percepção de que o mercado não é apenas um conjunto de números e gráficos, mas uma representação das psicologias coletivas dos *traders*. O mercado, em muitas maneiras, reflete as emoções, expectativas e comportamentos dos participantes.

Quando Elder diz que o mercado é um "espelho da mente", ele reconhece que as flutuações e tendências do mercado muitas vezes resultam de como os *traders* percebem e reagem às informações. Medos, esperanças e até a euforia podem influenciar a forma como os *traders* tomam decisões, e essas decisões coletivas moldam o comportamento do mercado.

Por exemplo, em períodos de alta incerteza econômica, o medo pode levar a vendas massivas e a uma queda acentuada nos preços das ações. Por outro lado, em um mercado em alta, o otimismo pode inflacionar os preços. Assim, o que vemos no gráfico muitas vezes é um reflexo das emoções e do comportamento humano, mais do que uma simples reação aos dados econômicos objetivos.

Entender que o mercado é um espelho da sua mente ajuda a focar não apenas análises técnicas e fundamentais, mas também a sua própria psicologia. Para ter sucesso no *trading*, é essencial desenvolver a capacidade de reconhecer e gerenciar as suas próprias emoções e preconceitos, para que você possa fazer escolhas mais racionais e informadas. Em suma, ao compreender e dominar o seu estado mental, você pode melhorar significativamente a sua abordagem e desempenho no mercado.

"Não existe Santo Graal, mas existe evolução constante."

A busca pelo Santo Graal no *trading* — aquela fórmula mágica que promete lucros infinitos e garantidos — é uma das ilusões mais comuns e prejudiciais que muitos *traders* enfrentam e que, eu diria, os consome. A realidade é que o mercado é intrinsecamente imprevisível, e não existe um método infalível que possa assegurar ganhos consistentes e ilimitados. O verdadeiro caminho para o sucesso no *trading* não está em encontrar a solução perfeita, mas sim em evoluir constantemente e aprender continuamente.

Imagine que você esteja em uma caça ao tesouro, e todos os mapas levam a diferentes direções. A ideia de encontrar um tesouro que garanta riqueza eterna é uma ilusão, assim como a busca por um método infalível no *trading*. Em vez disso, o sucesso vem de explorar diferentes caminhos, aprender com cada tentativa e ajustar sua abordagem com base nas novas descobertas.

Pense no mercado como um vasto oceano em constante movimento. Não adianta ter um mapa que nunca muda, porque as correntes e as condições estão sempre mudando. O sucesso no *trading* é como ser um habilidoso marinheiro que aprende a ajustar suas velas e navegar conforme as condições do mar. É sobre adaptação e aprendizado constante, não sobre encontrar uma rota mágica e imutável.

A ILUSÃO DO "SANTO GRAAL"

A busca pelo método perfeito é uma armadilha que pode levar a frustrações e perdas. Richard Dennis, um dos *traders* mais conhecidos, uma vez disse:

"A única coisa que eu sei é que não há fórmula mágica. O que funciona uma vez pode não funcionar na próxima. O segredo é aprender a lidar com o risco e ser disciplinado."

Essa citação de Richard Dennis reforça a ideia de que a verdadeira habilidade no *trading* não está em encontrar um sistema perfeito, mas em entender e gerenciar o risco e manter a disciplina. O mercado é dinâmico, e sua natureza imprevisível desafia qualquer tentativa de encontrar uma fórmula infalível.

A chave para o sucesso no *trading* reside na capacidade de evoluir e se adaptar. Paul Tudor Jones, renomado *trader* e investidor, destacou:

> *"O mercado está sempre mudando e o trader deve se adaptar a essas mudanças. A flexibilidade é a única constante no trading."*

Essa citação ilustra a necessidade de evolução constante. O mercado está em constante fluxo e transformação, um método que funcionava no passado pode não ser eficaz no presente. A habilidade de se adaptar e aprender com novas informações e mudanças é essencial para o sucesso a longo prazo.

A busca incessante por aperfeiçoamento é o verdadeiro caminho para o sucesso.

> *"O mais importante é ser capaz de avaliar os riscos e manter a capacidade de aprender e melhorar continuamente."*
>
> **Warren Buffet**
>
> (Investidor renomado e CEO of Berkshire Hathaway)

Buffett nos lembra de que o sucesso no mercado não vem de fórmulas mágicas, mas da capacidade de avaliar riscos e buscar melhoria contínua. Investir tempo em educação, revisão das estratégias e reflexão sobre os erros passados é fundamental para o progresso.

Em resumo, o verdadeiro sucesso no *trading* não está em buscar uma fórmula mágica, mas em desenvolver a capacidade de se adaptar, aprender e evoluir continuamente. Manter uma mentalidade aberta, estar disposto a ajustar estratégias e aprender com cada experiência são as chaves para prosperar em um mercado imprevisível.

NAVEGANDO NA TEMPESTADE: SINAIS DE UM BEAR MARKET

Assim como uma tempestade repentina que se abate sobre o mar, um mercado em baixa, o temido *bear market*, é marcado por medo, incerteza e uma queda generalizada nos preços. Reconhecer os sinais precursores dessa tempestade é essencial para proteger seu capital e evitar perdas significativas:

- **Queda livre:** o urso, com suas garras afiadas, derruba os preços sem piedade, criando uma tendência de baixa persistente, com topos e fundos cada vez mais baixos. É como se a força gravitacional do mercado se intensificasse, puxando tudo para baixo.

- **Fuga desesperada:** o volume de negociações pode aumentar durante um *bear market*, mas dessa vez impulsionado pelas vendas. *Traders* tomados pelo medo se desfazem de seus ativos, buscando limitar suas perdas e gerando uma espiral descendente de preços.

- **Indicadores confirmam a tempestade:** os indicadores técnicos refletem a força da tendência de baixa, com médias móveis apontando para baixo, MACD emitindo sinais de venda e IFR indicando a força dos vendedores. É como se o maestro da orquestra estivesse conduzindo os músicos para um final melancólico e dramático.

ESTRATÉGIAS PARA SOBREVIVER AO ATAQUE DO URSO

Em um mercado em baixa, a prudência e a estratégia são suas melhores armas para proteger seu capital e até mesmo lucrar com a queda dos preços.

Desapegue: se você entrou comprado em um *day trade* e, depois de um tempo, percebeu que a tendência mudou e agora são os ursos que estão ganhando, você precisa dominar a arte do desapego. Eu já me vi nessa situação centenas de vezes, e um dia parei para analisar meu relatório, minhas métricas, e descobri algo que mudou todo o jogo. Em mais de 50% das vezes que o mercado trocava de direção e, mesmo assim, eu me mantinha no *trade*, acabava tendo uma perda total naquela operação. Não pude ignorar isso; era quase como um sinal divino me dizendo o que eu precisava fazer. Foi então que criei a arte do desapego. Parei de insistir em operações em que a tendência mudava e comecei a fechar esses *trades*, mesmo no negativo. Isso me deu a chance de buscar novas oportunidades na nova tendência de mercado.

Agora, só estamos eu e você aqui, e preciso que busque na sua memória: quando você está em uma operação, a tendência muda e você começa a ficar negativo, a operação já está em 50% do seu *loss*. A pergunta é: essas operações costumam voltar e fechar no positivo, ou geralmente o *stopam*?

Deixe sua resposta:

○ **Voltam e fecham no positivo.**

○ **Na maior parte das vezes, eu tomo o loss cheio.**

Independentemente da sua resposta, você também está recebendo um sinal e agora sabe se deve mudar a rota que está seguindo ou se manter nela. Os touros e os ursos nos ensinam sobre otimismo e pessimismo, sobre a dança constante entre ganância e medo que move os mercados. Mas a lição mais valiosa, muitas vezes, vem da derrota, do confronto com o inevitável: o *loss*. Não se trata de evitar o *loss*, mas de aprender com ele, de extrair dele a sabedoria que nos impulsiona a evoluir como *traders*. Prepare-se para mergulhar no capítulo 7, em que desvendaremos os segredos do aprendizado com o *loss* e como transformá-lo em uma ferramenta para o sucesso.

Capítulo 7

Entendendo o *loss*: uma parte inevitável do jogo

Deixe-me lhe contar uma parada que descobri na raça, operando no mercado: mais de 80% das minhas operações no *swing trade* começam indo contra o que eu planejei! É, você leu certo! O mercado é imprevisível, e a maioria dos *traders* só foca o ganho na hora que a maré está boa. Mas e quando o bicho pega? É aí que a gente separa as crianças dos adultos.

Eu mesmo já me vi nessa situação várias vezes. O mercado indo contra mim, a dor da perda batendo na porta, mas sabe o que eu fiz? Comecei a olhar para o que ninguém estava dando bola, que eu chamo de a arte de sobreviver ao *loss*, não por acaso o nome do meu primeiro livro!

Parei de tentar acertar o ponto de entrada perfeito, porque entendi que não sou nenhuma máquina. Aceitei que a maioria das vezes o mercado ia contra mim no começo, e tudo bem! O pulo do gato é ter um plano para quando a operação vai para o negativo. É como jogar xadrez: você precisa pensar várias jogadas à frente do seu adversário, entender o movimento da multidão e se posicionar para quando a maré virar a seu favor.

Não é que eu queira perder, muito pelo contrário! Mas aprendi a trabalhar o espaço do negativo, a usar ferramentas como o preço médio e a ter a frieza para esperar o mercado voltar. E se tem uma certeza é: nem sempre o mercado volta, mas volta em grande parte das vezes! No momento em que estou escrevendo este livro, eu e minha mentoria fechamos mais de 24 meses no positivo, e, em quase todos esses meses, o início das operações ia para o negativo.

É nesse momento, quando a maioria está desesperada, realizando o prejuízo, que eu aproveito para entrar com mais força e surfar a onda da recuperação. No final das contas, o segredo não está em evitar o *loss*, mas sim em como lidar com ele. É transformar a derrota em aprendizado, a frustração em motivação. "Mas, Jack, e se eu tiver muito conhecimento? Se eu tiver muito dinheiro? Se eu estudar muito antes?". Não adianta, você vai perder dinheiro. Isso é um fato! Ninguém entra no mercado para passear ou para ver se é bonito. Todo mundo entra para ganhar dinheiro! Mas, quando você não consegue ganhar dinheiro, é aí que entra o primeiro sentimento: o de uma frustração muito grande!

E é aí que mora o perigo, meu amigo! Essa frustração pode levá-lo a um círculo vicioso de perdas. Você começa a achar que está fazendo tudo errado, que precisa mudar de estratégia, que precisa operar com mais dinheiro para recuperar o prejuízo.

E é nesse momento que muitos *traders* se afundam de vez. Sabe por quê? Porque eles não entendem que o *loss* faz parte do jogo! Eles querem acertar todas as operações, querem ter 100% de acerto, como se fosse possível! Mas a verdade é que o mercado não é uma máquina de fazer dinheiro. É um jogo de probabilidades, e as perdas são inevitáveis.

Entenda: o trabalho do *trader* é ganhar dinheiro a médio e longo prazos. Entre ganhos e perdas, a meta é fechar positivo no final do mês. O *stop loss* é uma trava de proteção para você se proteger do que chamo de gráfico de probabilidades.

Eu mesmo já fechei um dia com vários *losses* seguidos, fazendo tudo certinho, seguindo minha estratégia à risca! Mas não me desesperei, não mudei meu *setup*, não aumentei meu risco. Continuei operando com a mesma disciplina e gestão de risco e, no final da semana, adivinha? Fechei positivo!

Por quê? Porque aceitei o *loss* como parte do processo. Entendi que esse é o preço que se paga para aprender e evoluir no mercado. É como um jogador de golfe que erra várias tacadas antes de acertar a bola no buraco. A diferença é que no golfe o erro custa apenas o valor envolvido no esporte, a hora/aula, o material etc. No mercado, ele custa dinheiro de verdade!

E é por isso que você precisa ter um plano para lidar com o *loss*. Você precisa saber o quanto está disposto a pagar por esse aprendizado. Qual o valor que você pode perder sem comprometer sua saúde financeira e emocional?

Se você está começando agora, esqueça o sonho de ganhar quinhentos, mil dólares por dia. Comece com um objetivo menor, mais realista. Consistência de um dólar por dia, cinco dólares por dia… Vá aumentando gradualmente, conforme você for ganhando experiência e confiança. Neste momento, alguns leitores podem estar pensando: "Eu não vou entrar no mercado para ganhar tão pouco". Sinto informar, mas o mercado pune os arrogantes e não hesita em engoli-los. No mercado, não importa seu diploma, se você é empresário ou já faturou milhões. O mercado não liga para isso. Aqueles que têm humildade e se colocam na posição de aprendizes são os que, no final, colherão os verdadeiros frutos.

No capítulo anterior, desvendamos a dinâmica de forças que movem o mercado, representadas pela eterna batalha entre touros e ursos. Aprendemos a identificar os sinais de um *bull market* e um *bear market* e como surfar cada onda com estratégias adequadas. Mas, assim como um marinheiro experiente sabe que a calmaria nem sempre reina nos mares, um *trader* bem-sucedido precisa estar preparado para enfrentar as tempestades, e a maior delas, muitas vezes, reside no medo do *loss*.

Você se lembra da analogia do ringue de boxe que fizemos no capítulo 2? No *trading*, assim como no boxe, é preciso ter a coragem de entrar no ringue, sabendo que golpes são desferidos, que haverá momentos de dor e que a derrota é uma possibilidade real. Mas, diferentemente do boxe, em que o objetivo é nocautear o adversário, no *trading*, a derrota não significa o fim da luta. O verdadeiro oponente a ser vencido não é o mercado, nem os outros *traders*, mas sim o medo da perda, que pode paralisá-lo e impedi-lo de alcançar o sucesso.

O *loss*, anote aí, é uma parte inevitável do jogo. É como a chuva que cai, às vezes de forma torrencial, mas que é essencial para nutrir a terra e permitir que as sementes germinem. Tentar evitar o *loss* a todo custo é como tentar impedir a chuva de cair: uma batalha perdida que só lhe trará frustração e desgaste.

A chave para lidar com o *loss* reside em transformá-lo de um inimigo temido em um aliado valioso, um professor rigoroso que nos ensina lições importantes sobre o mercado e sobre nós mesmos. É preciso desmistificar o medo da perda, entendendo que cada *loss* é uma oportunidade de aprendizado, um degrau na escada que leva ao sucesso.

Mas como transformar o fracasso em aprendizado? Como gerenciar o impacto emocional do *loss* e evitar que ele o leve a tomar decisões impulsivas que podem comprometer sua jornada no *trading*?

A resposta reside em uma combinação poderosa de autoconhecimento, disciplina e gestão de risco.

1. Autoconhecimento: desvendando as armadilhas da mente

No capítulo 3, explorei a importância da psicologia individual no *trading*. Como as emoções, crenças e experiências passadas influenciam as decisões no mercado. No contexto do *loss*, o autoconhecimento se torna ainda mais crucial.

Quando um *trade* resulta em perda, uma série de emoções negativas pode surgir: frustração, raiva, medo, culpa, vergonha. Essas emoções, se não forem controladas, podem levar a um círculo vicioso de revanchismo e autossabotagem.

O *trader* dominado pela frustração pode tentar recuperar o dinheiro perdido de forma impulsiva, aumentando o risco em operações subsequentes, o que geralmente leva a novas perdas. Já o *trader* paralisado pelo medo pode se tornar avesso ao risco, deixando de aproveitar boas oportunidades por receio de perder novamente.

Para evitar cair nessas armadilhas, é fundamental identificar seus gatilhos emocionais, ou seja, as situações específicas que desencadeiam reações negativas.

"O risco vem de não saber o que você está fazendo."

Warren Buffett

(Investidor renomado e CEO of Berkshire Hathaway)

Como *trader*, uma das lições mais valiosas que aprendi ao longo da minha jornada é a importância do autoconhecimento. No mercado financeiro, em que as emoções podem levar a decisões precipitadas, entender a si mesmo é fundamental para o sucesso. Essa famosa frase de *Buffett* resume bem essa necessidade. O autoconhecimento não apenas nos protege de riscos desnecessários, mas também permite identificar e corrigir nossas próprias armadilhas mentais.

AS ARMADILHAS MENTAIS

No mundo do *trading*, as armadilhas mentais mais comuns incluem o medo, o excesso de confiança e a ganância. Por exemplo, muitos *traders* iniciantes entram em uma operação com uma expectativa exagerada de lucros, ignorando a gestão de riscos. Esse é um claro reflexo de uma falta de autoconhecimento: não reconhecem as próprias limitações e, consequentemente, acabam se colocando em situações de risco.

Além disso, a reação emocional às perdas é uma armadilha significativa. Em vez de seguir uma estratégia sólida, muitos *traders* se deixam levar pela frustração e tentam recuperar perdas rapidamente, muitas vezes exacerbando a situação. Aqui, o autoconhecimento se torna crucial. Reconhecer quando se está emocionalmente afetado ajuda a parar e reavaliar a abordagem.

A IMPORTÂNCIA DO AUTOCONHECIMENTO

Investir tempo em entender os próprios comportamentos e padrões mentais pode transformar e muito a sua trajetória como *trader*. Isso envolve refletir sobre as emoções, os hábitos de *trading* e as decisões passadas. A prática da meditação, por exemplo, pode ajudar a cultivar uma mente mais calma e focada, permitindo que você enfrente as flutuações do mercado com uma perspectiva mais clara.

Referências como a obra do psicólogo, professor e escritor referência mundial sobre economia comportamental Daniel Kahneman, *Rápido e devagar: duas formas de pensar*, oferecem *insights* valiosos sobre como as nossas mentes funcionam e como podemos evitar decisões impulsivas. Kahneman discute como o sistema 1, que é rápido e emocional, pode nos levar a erros, enquanto o sistema 2, mais analítico e racional, deve ser ativado para tomadas de decisão conscientes.

Resumindo, o autoconhecimento é uma ferramenta poderosa para qualquer *trader* que busca sucesso no mercado financeiro. Ao se conhecer melhor, você é capaz de identificar e evitar armadilhas mentais, gerenciando suas emoções de modo mais eficaz. A busca por esse autoconhecimento não é apenas uma estratégia de *trading*; é uma jornada de desenvolvimento pessoal que torna os *traders* mais resilientes e informados. Como Warren Buffett enfatiza: a chave para o sucesso financeiro está em entender não apenas o mercado, mas também a si mesmo.

PERGUNTE A SI MESMO:

- **Quais tipos de perdas me afetam mais?** (Perdas grandes, perdas em sequência, perdas em um ativo específico?)

- **Quais pensamentos e sentimentos surgem quando eu tenho um *loss*?** (Raiva, frustração, medo, culpa?)

___

___

___

___

- **Como eu reajo a esses sentimentos?** (Tomo decisões impulsivas, me afasto do mercado, fico obcecado em recuperar o dinheiro perdido?)

___

___

___

___

Ao responder a essas perguntas com sinceridade, você poderá reconhecer seus padrões de comportamento e desenvolver estratégias para gerenciar suas emoções de forma mais eficaz. É claro que começar esse processo por conta própria é só o primeiro passo, mas contar com a ajuda de um profissional faz toda a diferença. No meu caso, foi com a doutora Amanda, minha psicóloga, que consegui entender e superar as dificuldades que enfrentei no *trade*. Com ela, aprendi que, para alcançar qualquer vitória, é essencial primeiro me compreender profundamente, explorar as minhas emoções, descobrir o que desperta certas reações e, acima de tudo, aprender a lidar com elas.

Lembre-se: não se trata apenas do que a vida coloca em nosso caminho, mas de como escolhemos responder a isso. E esse aprendizado transformou a minha jornada, dando-me a força e a clareza que eu precisava para continuar.

2. Disciplina: a âncora em meio à tempestade

Você se lembra da importância da disciplina que discutimos no capítulo 4? No contexto do *loss*, a disciplina se torna uma âncora em meio à tempestade, mantendo-o firme no seu propósito e o impedindo de ser arrastado pelas ondas emocionais.

A disciplina no *trading* se manifesta de diversas formas:

- **Seguir seu plano de *trading* à risca**, mesmo quando a tentação de abandoná-lo é grande.

- **Respeitar seus *stops***, aceitando as perdas com serenidade e evitando o revanchismo.

- **Aprender com seus erros**, analisando cada *loss* com cuidado e buscando identificar as causas que levaram à perda.

A disciplina exige consciência, esforço e persistência. É como um músculo que precisa ser exercitado constantemente para se tornar forte e resistente. No início, pode ser desafiador manter a disciplina, mas, com o tempo, ela se torna um hábito, um reflexo natural que o guia em suas decisões.

3. Gestão de risco: protegendo seu capital

No capítulo 5, exploramos a importância da gestão de risco como a base para a sobrevivência e a multiplicação no *trading*. No contexto do *loss*, a gestão de risco se torna ainda mais crucial.

Você se lembra da analogia dos tijolos que meu pai usava para construir casas? Cada decisão sobre o quanto arriscar em uma operação é como um tijolo que, se posicionado de forma inadequada, pode comprometer a estrutura da sua casa no mercado financeiro.

A gestão de risco eficiente envolve:

- **Definir um percentual máximo de risco por operação**, para evitar perdas que possam comprometer seu capital.

- **Utilizar stops em todas as operações**, para limitar suas perdas em caso de movimentos desfavoráveis do mercado.

- **Diversificar seus investimentos**, para evitar a concentração de risco em um único ativo ou mercado.

A gestão de risco não elimina o risco completamente, mas minimiza o impacto das perdas inevitáveis e o protege de grandes desastres. É como um paraquedas que lhe permite saltar de um avião com segurança, sabendo que, mesmo que algo dê errado, você terá uma proteção para amortecer a queda.

Transformando o *loss* em oportunidade

O *loss* não precisa ser sinônimo de fracasso. Ele pode ser um trampolim para o sucesso, um professor que o impulsiona a evoluir como *trader*.

Cada *loss* é uma oportunidade para:

■ **Reavaliar sua estratégia.** O que deu errado? Sua análise estava incorreta? Você cometeu algum erro na execução do *trade*?

■ **Identificar seus pontos fracos.** Quais emoções o levaram a tomar decisões equivocadas? Você precisa aprimorar sua disciplina?

■ **Aprimorar sua gestão de risco.** Você está se arriscando muito em cada operação? Seus *stops* estão posicionados adequadamente?

■ **Aprender com a experiência.** Cada *loss*, por mais doloroso que seja, o torna um *trader* mais experiente e preparado para enfrentar os desafios do mercado.

Assim como um artesão lapida uma pedra bruta até transformá-la em uma joia preciosa, o *trader* bem-sucedido lapida as habilidades a partir da própria experiência, aprendendo com seus erros e transformando cada *loss* em uma oportunidade de crescimento.

Mas você pode estar se perguntando: "É fácil falar sobre aceitar o *loss*, mas como lidar com a dor da perda, com o sentimento de frustração e com o impacto no capital?". A verdade é que não existe uma fórmula mágica para eliminar a dor do *loss*. Assim como um atleta sente dor muscular após um treino intenso, o *trader* também sente a dor da perda, e essa dor é um sinal de que você está se esforçando, de que está no jogo.

A diferença entre um *trader* amador e um profissional está na forma como cada um lida com essa dor. O amador se deixa dominar pela dor, permitindo que ela o paralise ou o leve a tomar decisões impulsivas. Já o profissional reconhece a dor, mas não se deixa dominar por ela. Ele usa a dor como um combustível para a evolução, como um sinal de que precisa se adaptar, aprimorar as habilidades e fortalecer a resiliência.

Para ajudá-lo a trilhar esse caminho, vou compartilhar algumas sacadas que aprendi ao longo da minha jornada no *trading*:

1. Aceite a imperfeição: o mercado não é uma máquina de fazer dinheiro

Muitos *traders* entram no mercado com a ilusão de que vão encontrar um método infalível, um "Santo Graal" que os levará a ganhar dinheiro em todas as operações. Mas a verdade é que o mercado não é uma máquina de fazer dinheiro. É um ambiente complexo, imprevisível e cheio de desafios. As perdas fazem parte do jogo, e tentar evitá-las a todo custo só aumentará sua frustração e ansiedade.

Aceite que você vai errar, que você vai ter perdas e que isso é normal. O importante é aprender com seus erros, ajustar sua estratégia e seguir em frente.

2. Abrace a incerteza: o mercado é um mar revolto, não um lago sereno

Assim como na vida, no *trading* também não se tem controle de tudo. O mercado é um mar revolto, com ondas imprevisíveis e correntes traiçoeiras, é como tentar prever quando irá chover ou fazer sol. Tentar prever o futuro do mercado com exatidão é como tentar prever o tempo com meses de antecedência: uma tarefa impossível.

Em vez de lutar contra a incerteza, abrace-a. Aprenda a navegar no mar revolto, adaptando-se às mudanças do mercado, ajustando as velas, mantendo o foco no seu objetivo, mesmo quando a tempestade te atingir.

3. Defina seus limites: até onde você iria para conquistar seus sonhos?

Assim como na minha infância, quando a vontade de ter um tênis da moda me impulsionava a catar latinhas e buscar meu próprio dinheiro, no *trading* também é fundamental ter clareza sobre seus objetivos e limites. O que você está disposto a arriscar para alcançar os seus sonhos? Qual o tamanho da perda que você suportaria sem comprometer seu bem-estar emocional e financeiro?

Definir seus limites, tanto em termos de risco financeiro quanto em impacto emocional, o ajudará a tomar decisões mais racionais e a evitar que o medo do *loss* o paralise ou o leve a agir de forma impulsiva.

4. Comemore as vitórias, mas não se deixe cegar por elas

Assim como a euforia de uma apresentação de dança impecável pode nos levar a baixar a guarda e cometer erros, a euforia dos ganhos no *trading* pode cegar para os riscos e levar a tomada de decisões imprudentes. Comemore seus sucessos, reconheça os certos, mas não permita que a vaidade te domine.

Lembre-se: o mercado é um mestre em humildade. Ele o coloca no topo hoje para derrubá-lo amanhã, testando constantemente sua resiliência e capacidade de adaptação.

5. Encontre um grupo de apoio: uma tribo de guerreiros fortalece o espírito

Você se lembra da segurança que encontrei no grupo que frequentava na adolescência? No *trading,* ter um grupo de apoio, uma "tribo" de *tra-*

ders que compartilham seus desafios, vitórias e derrotas, pode fazer toda a diferença.

Compartilhar suas experiências, trocar ideias, aprender com os erros dos outros e receber apoio em momentos difíceis fortalece seu espírito e o impulsiona a seguir em frente, mesmo quando o caminho parece difícil.

EXERCÍCIO: DIÁLOGO INTERNO COM O *LOSS*

Este exercício tem como objetivo ajudá-lo a confrontar seus sentimentos em relação ao *loss* de forma racional e construtiva. Para isso, usaremos a técnica da escrita terapêutica, que consiste em colocar no papel seus pensamentos e emoções, promovendo autoconhecimento e clareza mental.

- **Passo 1: o espelho do *loss***

Imagine que você acabou de ter um *loss* significativo. Anote, sem filtros, todas as emoções que surgem nesse momento: frustração, raiva, medo, culpa, tristeza, desânimo. Não se censure, deixe as palavras fluírem livremente.

Em seguida, escreva uma carta para esse *loss*, como se estivesse conversando com ele. Comece com "Caro *loss*" e expresse tudo o que sente: a decepção, a sensação de injustiça, o impacto no seu capital, as dúvidas que surgem sobre sua capacidade como *trader*.

- **Passo 2: ouvindo a resposta**

Agora, inverta os papéis. Imagine que o *loss* está respondendo-lhe. O que ele diria? Seria uma resposta dura e crítica, ou uma mensagem de aprendizado e resiliência?

Escreva a resposta do *loss*, buscando uma perspectiva diferente sobre a situação. Ele pode te lembrar que as perdas fazem parte do jogo, que cada erro é uma oportunidade de aprendizado, que a disciplina e a gestão de risco são seus maiores aliados.

- **Passo 3: reconstruindo a estratégia**

Com as emoções expressas e a perspectiva do *loss* em mente, é hora de traçar um plano de ação. Responda às seguintes perguntas:

Quais foram as causas do *loss*? (Erro de análise, falta de disciplina, gestão de risco inadequada?)

- O que você poderia ter feito diferente para evitar ou minimizar a perda?
- Quais lições você aprendeu com essa experiência?
- Como você pode usar esse aprendizado para melhorar sua estratégia e evitar erros semelhantes no futuro?

■ Passo 4: compromisso com a evolução

Com base em suas reflexões, escreva um compromisso consigo mesmo, um pacto de evolução como *trader*. Defina ações concretas para fortalecer sua disciplina, aprimorar sua gestão de risco, controlar suas emoções e transformar o *loss* em um degrau na escada do sucesso.

“A arte que você supera se torna uma extensão da sua força.”

Capítulo 8

Construindo seu próprio *Trade System*: a sinergia entre técnica e pessoalidade

Lembram-se do Carlos, o cara que me abriu os olhos para o mundo do *trading* com aqueles 33 mil dólares na tela do computador? Aquela imagem me mostrou o poder do mercado financeiro, mas também me fez perceber que o sucesso não acontece por acaso. Não existe um botão mágico que o transforma em um *trader* milionário da noite para o dia. A jornada para a consistência exige estudo, disciplina, resiliência e, principalmente, a construção de um *Trade System* (Sistema de *Trade*) personalizado, uma metodologia própria que reflita sua individualidade e se adapte ao seu estilo de vida. Um sistema que a partir do momento que for criado deverá ser seguido à risca. Sim! Porque as armadilhas aparecem ao longo do caminho, as emoções como o medo e a ganância vão surgir, mas, tendo os *setups* predefinidos, acredite, é crucial para manter a consistência, equilibrar as emoções e, consequentemente, minimizar o *loss*.

Assim como um alfaiate que desenha um terno sob medida, ajustando cada detalhe ao corpo do cliente, construir um Trade System é moldar uma estratégia de negociação única, que se encaixe perfeitamente à sua personalidade, seus objetivos, sua tolerância ao risco e tempo disponível. É a sinergia entre a técnica e o pessoal, a união do conhecimento adquirido com a sabedoria interior, que lhe permitirá navegar com segurança e maestria pelas correntezas do mercado financeiro.

"Não existe um Trade System perfeito, mas existe o Trade System perfeito para você."

Essa é uma frase que repito incessantemente em minhas mentorias, porque ela resume a essência dessa jornada de autodescoberta no *trading*. Assim como na dança, em que cada pessoa expressa sua individualidade por meio dos movimentos, no mercado financeiro, cada *trader* precisa encontrar sua própria forma de dançar com os preços, de acordo com seu ritmo, estilo e musicalidade.

Construir um *Trade System* é como coreografar sua própria dança no mercado, definindo os passos, os movimentos, o ritmo e a intensidade da sua performance. É a união da técnica, da disciplina e da criatividade, que lhe permite expressar sua individualidade e alcançar resultados consistentes.

"Os sábios aprendem com os erros dos outros, os tolos com os próprios erros e os idiotas não aprendem nunca."

Provérbio chinês

Esse provérbio chinês vai de encontro com o que eu mais sigo na vida e procuro ensinar para os meus mentorados e dividir aqui com você, leitor. Inteligente é aquela pessoa que aprende com os próprios erros. Sábio é aquele que aprende com os erros dos outros. Por que estou dizendo isso? Se eu, como *trader*, criei um ou mais *setups* cujos resultados comprovam a eficácia e resolvi compartilhar, só mesmo uma pessoa desprovida de inteligência para não seguir os passos, o *checklist* que, comprovadamente, deu certo!

ELEMENTOS ESSENCIAIS: A ESTRUTURA DA SUA ESTRATÉGIA

Assim como um arquiteto que projeta um edifício, antes de iniciar a construção, um *trader* precisa definir os elementos essenciais do seu *Trade System*, a estrutura que irá sustentar a sua estratégia de negociação.

1. Definição de objetivos: aonde você quer chegar?

Antes de colocar o primeiro tijolo na sua fortaleza financeira, defina seus objetivos no mercado. O que você busca alcançar com o *trading*? Independência financeira? Uma renda extra? Realizar sonhos? A clareza dos seus objetivos lhe dará a direção, a motivação e a disciplina para seguir em frente, mesmo diante dos desafios.

2. Mercado de atuação: escolha o seu palco

Assim como um ator que escolhe o palco onde quer se apresentar, defina o mercado que mais o atrai e se adapta às suas características. Ações?

Forex? Criptomoedas? Cada mercado tem suas particularidades, seus ritmos e desafios. Escolha aquele que o inspira, o desafia e que permite que você expresse o seu potencial.

3. *Time frame*: definindo o ritmo da sua dança

Qual o ritmo da sua dança no mercado? *Scalper*? *Day trader*? *Swing trader*? *Position trader*? A escolha do *time frame*, ou seja, o período de tempo que você utiliza para analisar os gráficos e tomar decisões, define a sua velocidade de atuação no mercado.

Se você é um cara agitado, que gosta de adrenalina, o *scalping*, com operações rápidas e frenéticas, pode ser a sua praia. Se você prefere um ritmo mais calmo, com tempo para analisar os movimentos com mais profundidade, o *swing trade* ou o *position trade* podem ser as melhores opções.

4. Análise técnica: a arte de ler o mapa da jornada

Como você vai decifrar a linguagem do mercado? Quais ferramentas de análise técnica o ajudarão a identificar as melhores oportunidades? Médias Móveis? MACD? Bandas de *Bollinger*? Padrões de *Candlestick*? Defina os indicadores que o auxiliam na tomada de decisões, os sinais que o guiam na busca por *trades* com alta probabilidade de sucesso.

5. Gestão de risco: protegendo seu patrimônio

Qual o tamanho do risco que você está disposto a correr? Como você vai proteger seu capital de perdas inesperadas? Defina sua tolerância ao risco, o percentual máximo que você está disposto a perder em cada operação e utilize *stop losses* para limitar suas perdas. A gestão de risco é a base da sua fortaleza financeira, a proteção que lhe permite operar com segurança e tranquilidade.

6. Plano de *trading*: a partitura da sua performance

Com todos os elementos definidos, é hora de criar seu plano de *trading*, a partitura que irá guiar sua performance no mercado. Documente suas estratégias, seus *setups* de entrada e saída, seus critérios para operar, suas regras de gestão de risco e seus objetivos de lucro. Ter um plano de *trading* claro e objetivo irá ajudá-lo a manter a disciplina, evitar decisões impulsivas e operar com mais segurança e consistência.

7. *Backtesting*: ensaiando antes do show

Assim como um bailarino que ensaia exaustivamente antes de se apresentar, um *trader* precisa testar seu *Trade System* antes de colocá-lo em prática.

Utilize dados históricos para simular operações, verificar a performance da sua estratégia em diferentes cenários de mercado e identificar possíveis falhas ou pontos fracos. O *backtesting* lhe permite aperfeiçoar sua coreografia, ajustando os passos e os movimentos para garantir uma performance impecável.

8. Ajuste fino: aperfeiçoando a sua dança

A construção de um *Trade System* não é um processo estático, mas sim uma jornada de aprendizado e aprimoramento contínuo. À medida que você ganha experiência, testa sua estratégia e analisa seus resultados, faça ajustes finos no seu *Trade System*, adaptando-o às mudanças do mercado e aperfeiçoando sua *performance*.

"O mercado está em constante mutação, e seu Trade System precisa evoluir junto com ele."

Depois de uns quatro anos, olhando diariamente os gráficos, aprendendo o que somente a consistência pode ensinar, passei a observar os indicadores e o que eles poderiam me dizer sobre o que estava acontecendo no mercado, e aí descobri um padrão, algo que acontecia com frequência, quando eu estava operando o ouro. *Bum*! Descobri que, em determinado momento, uma descorrelação entre os ativos me favorecia, essa era a chave! Criei então o que chamo de sistema de vazão!

SISTEMA DE VAZÃO: OURO

Antes de navegarmos pelas águas turbulentas dos índices, vamos aquecer os motores com uma estratégia que me trouxe excelentes resultados e que serve como uma base sólida para entender a lógica da "vazão": o sistema de vazão de ouro. Essa estratégia explora as nuances do mercado de moedas, especificamente a relação entre o dólar e três ativos importantes: EUR/USD, AUD/USD e GOLD/USD.

A premissa é simples: mesmo com uma correlação de longo prazo, esses ativos podem apresentar divergências de curto prazo em seus movimentos. Observando atentamente esses momentos de "descompasso" em um timeframe de M15, podemos identificar oportunidades de *trading* com alta probabilidade de sucesso.

Imagine que o EUR/USD e o AUD/USD estejam em queda, sinalizando uma possível força do dólar. No entanto, se o GOLD/USD estiver subindo, contrariando essa tendência, podemos considerar uma compra no ouro. Essa divergência sugere que o ouro pode estar antecipando uma mudança de cenário, criando uma oportunidade para lucrar com a subida.

O sistema de vazão de ouro exige disciplina e atenção aos detalhes. A análise da tendência predominante, a identificação da divergência e a gestão de risco são etapas cruciais para o sucesso da estratégia. É como um jogo de xadrez: precisamos antecipar os movimentos do mercado e nos posicionar estrategicamente para aproveitar as oportunidades.

SISTEMA DE VAZÃO: ÍNDICES

Lembra-se de que, no início deste capítulo, falei sobre a importância de construir um *Trade System* personalizado, um conjunto de regras e estratégias que reflitam sua individualidade como *trader*? Pois bem, chegou a hora de colocar a mão na massa e desvendar um dos meus *setups* favoritos: o sistema de vazão para operar índices.

O sistema de vazão é uma metodologia que desenvolvi observando uma peculiaridade intrigante do mercado: a descorrelação entre os índices US30 (Dow Jones) e US100 (Nasdaq). Apesar de, a longo prazo, ambos os índices caminharem na mesma direção, influenciados pela força contrária do dólar, no curto prazo, eles podem apresentar divergências de comportamento, como se estivessem dançando em ritmos diferentes. É nesse descompasso, nessa "vazão", que identifico as melhores oportunidades de lucro.

Para navegar por esse mar de oportunidades, é de extrema importância respeitar as seguintes especificidades e assim ajustar minha bússola: definidos os ativos, no caso os índices US30 e US100, defino o tempo do *trade* — quinze minutos o famoso M15, feito isso estabeleço o horário, preferencialmente as 10h30 da manhã na abertura da bolsa, por ser o horário de maior volatilidade, em seguida Média Móvel Exponencial (MM) dos últimos 21 períodos.

Estabelecido esse *checklist*, se a média móvel apontar para cima, sinalizando uma tendência de alta, foco em operações de compra (opero comprado). Se a MM 21 EXP apontar para baixo, indicando uma tendência de baixa, priorizo as operações de venda (opero vendido). Simples assim! A ideia é surfar a onda do mercado, alinhando minhas operações à força dominante.

A grande sacada do sistema de vazão reside na precisão da entrada. Em vez de me precipitar e entrar na operação ao primeiro sinal de movimento, espero pacientemente pela descorrelação entre os índices. Busco identificar momentos em que um dos índices se distancia da MM 21 EXP, enquanto o outro se mantém próximo a ela, como se estivessem "descompassados". Essa divergência é o meu gatilho para a ação.

DOMINANDO OS PASSOS DA "VAZÃO"

1. Identificação da tendência: observo a MM 21 EXP no gráfico de quinze minutos para determinar a tendência predominante do mercado (alta ou baixa).

2. Busca pela descorrelação: a partir da tendência definida, procuro por divergências de comportamento entre o US30 e o US100. Por exemplo, em uma tendência de alta, busco um índice com *candle* verde próximo à média móvel, enquanto o outro apresenta um *candle* vermelho, se distanciando dela.

3. Confirmação da tendência: após identificar a descorrelação, observo o índice que se distanciou da Média Móvel. Se ele começar a formar *candles* na direção da tendência predominante, confirmando a força do movimento, então a oportunidade de entrada se concretiza.

4. Entrada precisa: entro na operação no índice que estava "atrasado", o mais próximo possível da MM 21 EXP. O *stop loss* é posicionado abaixo da mínima do *candle* anterior para compras ou acima da máxima para vendas. O alvo inicial é definido na mesma distância do *stop loss* (*payoff* 1:1).

5. Gerenciamento de risco: ao atingir 50% do alvo, fecho metade da operação, garantindo lucro. Em seguida, arrasto o *stop loss* para o ponto de entrada (*break even*), eliminando o risco de perda. A partir daí, deixo a operação restante correr em busca de maiores lucros, acompanhando o desenvolvimento da "vazão" e ajustando o *stop loss* conforme necessário.

O sistema de vazão, aliado à disciplina, paciência e gerenciamento de risco, me permite navegar pelos mercados com mais segurança e consistência, transformando a arte da descorrelação em uma coreografia lucrativa.

Confira!

Libere o fluxo de conhecimento e domine o sistema de vazão com nossa *playlist* exclusiva. Escaneie o QR Code abaixo.
QR Code com problemas? Me chame no Instagram @jacssonsantosoficial.

MODELAR: COMO SEM PERDER A IDENTIDADE?

Quando alguém me fez essa pergunta, parei para refletir bastante, antes de dar a resposta. Modelar alguém que admiramos é uma prática poderosa para o crescimento pessoal e profissional. Mas é preciso ter cuidado para não cair na armadilha da cópia, da imitação vazia, que o faz perder a sua própria essência.

Modelar não significa copiar, mas sim filtrar. É como um garimpeiro em busca de ouro, que separa o precioso metal do cascalho e da areia. É observar atentamente as pessoas que alcançaram o sucesso que buscamos, analisar as ações, estratégias, os hábitos e comportamentos dela. É aprender com os acertos e, principalmente, com os erros dessa pessoa, para evitar repetir os mesmos tropeços e acelerar a jornada rumo ao sucesso.

Eu modelo meus mentores, como o Luiz e o Carlos, pessoas que admiro profundamente pelas conquistas deles no mercado financeiro. Observo as técnicas, análises e tomadas de decisões deles. Mas continuo sendo o Jacsson, com meus valores, minha personalidade, minha forma de pensar e de agir. A modelagem inteligente é como um filtro, que separa o que funciona do que não funciona, o que é útil do que é descartável. É um processo de aprendizado constante, capaz de impulsioná-lo para a frente sem fazê-lo perder a sua identidade.

Lembre-se: você é único, com suas próprias habilidades, talentos e características. Use a modelagem como uma ferramenta para potencializar suas capacidades, para se inspirar e motivar, mas nunca para se anular. Construa seu próprio caminho, com autenticidade e originalidade, e deixe sua marca no mundo.

Modelar as estratégias que funcionam é uma maneira de diminuir os riscos e aumentar as chances de sucesso. Copiar e adaptar o que já deu certo pode ser uma estratégia inteligente no *trading*. Mas, para isso, a máxima sobre se manter fiel ao que deu certo, seguir à risca as regras e manter a consistência é a garantia para se obter o resultado desejado. A isso dá-se o nome de disciplina!

“A disciplina te levará a lugares que a motivação não alcança.”

Capítulo 9

Regras essenciais para superar as perdas e prosperar no mercado

Lembra-se da analogia do mar revolto que usei no capítulo 2? No *trading*, assim como na vida, enfrentaremos tempestades. Dias em que o mercado parece conspirar contra você, e a fúria dos ursos (ou até mesmo a euforia desenfreada dos touros) leva-o a questionar suas habilidades e a duvidar do seu próprio potencial. É nesses momentos que a arte de sobreviver ao *loss* se torna crucial para garantir a sua longevidade e impulsioná-lo rumo ao sucesso.

Ao longo deste livro, mostrei-lhe os pilares que sustentam uma jornada consistente no *trading*, desde os fundamentos da análise técnica (capítulo 4) até a importância de dominar as emoções e desenvolver uma mentalidade vencedora (capítulo 2) e a gestão de risco (capítulo 3). Mas, como já lhe disse, não existe fórmula mágica nem caminho fácil para a riqueza. O que existe é trabalho duro, disciplina e, principalmente, a sabedoria para aprender com as perdas e usá-las como combustível para o crescimento.

Por isso, neste capítulo, vou compartilhar com você as cinco regras de ouro para superar as perdas e prosperar no mercado, transformando cada obstáculo em uma oportunidade de aprendizado e cada tombo em um degrau na escada para o sucesso.

REGRA #1: ACEITE O *LOSS* COMO PARTE DO PROCESSO

No *trading*, o *loss* é inevitável. É como a chuva que, eventualmente, cai sobre a terra, fertilizando o solo e preparando-o para uma nova colheita. Tentar evitar o *loss* completamente é como tentar impedir a chuva de cair — uma batalha perdida desde o início.

Assim como um jogador de futebol sabe que nem todos os chutes vão para o gol, um *trader* precisa entender que nem todas as operações serão lucrativas. O importante é saber lidar com as perdas, minimizá-las e seguir em frente com a mesma determinação e disciplina.

REGRA #2: GERENCIE SEU RISCO DE FORMA IMPECÁVEL

A gestão de risco, como já lhe mostrei no capítulo 3, é a sua blindagem, a sua armadura contra os golpes do mercado. É ela que irá protegê-lo de grandes perdas e garantirá sua sobrevivência a longo prazo.

Lembre-se: a regra dos 2% é sua aliada. Nunca arrisque mais do que essa porcentagem do seu capital em uma única operação, mesmo quando a tentação da ganância seduzi-lo com a promessa de lucros rápidos e fáceis.

Utilize o *stop loss* como um escudo, definindo-o com base na sua análise técnica e no seu plano de *trading* (*Trading System*), não no seu medo ou na sua esperança. E lembre-se: ajustar o *stop loss* só é permitido na direção favorável da operação, para proteger os lucros já conquistados.

REGRA #3: MANTENHA A DISCIPLINA E SIGA SEU PLANO

A disciplina, como já lhe falei no capítulo 3, é a bússola que o guia no mar revolto do mercado. Ela o mantém no caminho certo, mesmo quando a tempestade das emoções tentar desviá-lo do seu curso.

Crie um plano de *trading* detalhado, com estratégias claras, pontos de entrada e saída bem definidos, e siga-o à risca, sem exceções. Evite decisões impulsivas, movidas pela euforia dos ganhos ou pelo desespero das perdas.

REGRA #4: APRENDA COM SEUS ERROS E EVOLUA CONSTANTEMENTE

Cada *loss* é uma lição valiosa, uma oportunidade de aprendizado e crescimento. Não se deixe abater pelos erros, mas use-os como degraus na escada para o sucesso.

Analise seus *trades* com atenção, identifique os erros que você cometeu, entenda o que o levou a tomá-los e crie um plano de ação para evitá-los no futuro.

Para ajudá-lo nesse processo de autoanálise, utilize a próxima página como um guia para registrar seus erros e extrair o máximo de aprendizado de cada experiência.

REGRA #5: CELEBRE SUAS VITÓRIAS, MAS MANTENHA OS PÉS NO CHÃO

A euforia dos ganhos, assim como o medo das perdas, pode te levar a tomar decisões irracionais. Por isso, celebre suas vitórias, mas mantenha os pés no chão.

Lembre-se: o mercado é cíclico, com altos e baixos inevitáveis. Uma sequência de *trades* lucrativos não o torna invencível, assim como uma série de perdas não o condena ao fracasso. O importante é manter a disciplina, o foco e a humildade para seguir aprendendo e evoluindo a cada nova experiência.

EXERCÍCIO INTERATIVO:

Crie seu próprio Plano de Trading

Agora que você já conhece as regras de ouro para superar as perdas, é hora de colocar o conhecimento em prática. Utilize o espaço abaixo para criar seu próprio plano de *trading*, incluindo:

■ **Seus objetivos no mercado:** o que você busca alcançar com o *trading*? Defina metas realistas e mensuráveis.

■ **Seu estilo de *trading*:** qual a sua tolerância ao risco? Você prefere operar a curto, médio ou longo prazo?

■ **Sua estratégia de entrada e saída:** quais os sinais que você utiliza para identificar oportunidades de compra e venda?

■ **Sua gestão de risco:** qual a porcentagem do seu capital que você está disposto a arriscar em cada operação? Onde você define seus *stops*?

■ **Seu plano de ação para lidar com as emoções:** como você irá controlar o medo, a ganância e a euforia durante o *trading*?

"Você deve ter um plano e seguir esse plano, porque o maior problema do trader é a sua mente."

Essa frase poderosa de Mark Douglas ressalta a importância de manter a disciplina e seguir as regras do plano de *trading* para evitar perdas.

OS DEZ MANDAMENTOS DO *TRADING*

1. Conheça a si mesmo: mergulhe em uma profunda autoanálise, identificando seus pontos fortes e fracos como *trader*. Defina seu "porquê", seu propósito no mercado, para ter clareza dos seus objetivos e motivações.

2. Domine suas emoções: o *trading* é um jogo mental, e suas emoções podem ser suas maiores inimigas. Fuja da ganância e do medo, pois eles irão levá-lo a tomar decisões impulsivas e prejudiciais.

3. Gerencie seu risco: proteja seu capital a todo custo, pois sem ele você não pode continuar jogando. Estabeleça limites claros de perda e utilize o *stop loss* como um escudo.

4. Seja disciplinado: crie um *Trading System* detalhado, com estratégias claras e pontos de entrada e saída bem definidos. Siga-o à risca, evitando decisões impulsivas, mesmo quando a tentação for grande.

5. Aprenda com seus erros: implemente um diário de *trading* para registrar cada operação, cada emoção e cada decisão. Analise seus erros, identifique seus gatilhos emocionais e utilize cada loss como uma lição valiosa para se aprimorar.

6. Evolua constantemente: o mercado está em constante mudança, adapte-se e continue aprendendo. Aprimore seu *Trading System*, refine suas estratégias e busque conhecimento constantemente.

7. Seja paciente: as melhores oportunidades surgem para quem sabe esperar. Evite a busca por lucros rápidos e fáceis e concentre-se em construir uma base sólida para o sucesso a longo prazo.

8. Liberte-se das crenças limitantes: reconheça padrões de pensamento que o impedem de alcançar seu potencial máximo e rompa com eles. Acredite em sua capacidade de aprender, evoluir e prosperar no mercado.

9. Saiba a hora de parar: ao terceiro *loss* consecutivo, feche o computador, respire fundo e reavalie sua estratégia. Evite o revanchismo e a teimosia, pois eles podem levá-lo a perdas ainda maiores.

10. Busque a perfeição por meio da prática: repita o processo, corrija seus erros e ajuste suas estratégias continuamente. A jornada no *trading* é um ciclo constante de aprendizado, aperfeiçoamento e busca pela excelência.

"...Vai-te e não peques mais."

(João 8:11)

Lembre-se: assim como na dança, para dominar a arte do *trading*, é preciso praticar, ter disciplina, conhecer seus limites e, acima de tudo, ter a coragem de se arriscar e de aprender com cada passo, cada movimento, cada erro e cada acerto.

“Repetição com correção até a exaustão leva à perfeição!”

Capítulo 10

Histórias reais sobre a arte de sobreviver ao loss e vencer no trade

"Feliz aquele que transfere o que sabe e aprende o que ensina."

Cora Coralina
(poetisa e contista brasileira)

A RESPONSABILIDADE DE SER MENTOR

Quando decidi criar a mentoria para formar *traders*, há cerca de quatro anos, assumi, confesso, uma grande responsabilidade. E, quando paro para pensar que eu tinha apenas 24 anos, assumo até para mim mesmo ter sido muito ousado, mas nada que fugisse ao espírito de liderança que sempre esteve presente em mim. Lembra-se do grupo de dança que já citei aqui no livro? Então, nada de novo para um jovem inquieto, com sede de crescer e compartilhar com os outros o caminho e poder levá-los junto.

Resumo: o que antes era apenas um jogo de estratégias e números, em que cada resultado de uma operação afetava exclusivamente a minha vida, passou a impactar diretamente o cotidiano de famílias inteiras. De repente, tornei-me, de certa forma, o "pai" de centenas de pessoas, cada uma com as próprias histórias, crenças, anseios e objetivos, que se espelhavam em mim em busca de sucesso no mercado financeiro. Essa transição não foi apenas sobre ensinar; foi sobre compreender a importância e o peso da decisão que tomei. Para minha alegria, ao longo desses anos, meu contentamento como mentor só aumentou.

Nos grupos de mentoria, é fascinante observar como a diversidade de habilidades e personalidades se transforma em um ambiente fértil para o crescimento. Alguns mentorados brilham com intensidade, elevando o nível e mostrando a todos o que é possível alcançar. Essa dinâmica não só fortalece quem faz parte da Tribo, mas também reafirma o papel fundamental do mentor: guiar, apoiar e celebrar cada progresso, pois cada conquista, grande ou pequena, representa um passo em direção a um futuro mais promissor para todos nós.

Poder ver o crescimento dos meus mentorados é incomparável. É como cultivar um jardim: você planta sementes, cuida delas com atenção e, com o tempo, começa a ver brotar flores lindas e saudáveis. Cada conquista deles é como uma flor desabrochando, e a alegria de acompanhá-los nessa jornada é um dos maiores prazeres da profissão. Quando vejo que estão seguindo os passos que ensinei e, muitas vezes, alcançando resultados até melhores do que os meus, sinto uma imensa satisfação. É a prova de que o conhecimento se multiplica e se transforma em algo ainda mais valioso.

Admiro especialmente aqueles alunos que são curiosos e adoro, com todas as letras, aqueles que fazem perguntas, que colocam a cara a tapa e não têm medo de explorar novos caminhos. Essas pessoas se destacam em qualquer grupo, funcionando como um farol que ilumina o caminho para os outros. A curiosidade é uma força poderosa, e, assim como exploradores que desbravam novas terras, esses alunos trazem novas perspectivas que enriquecem a experiência de todos. Quando todos se sentem à vontade para questionar e debater, criamos um ambiente colaborativo em que o aprendizado se torna uma via de mão dupla.

Ledo engano quem acredita que eu, enquanto mentor, só ensino. Muito pelo contrário! Eu não somente aprendo com eles, como, ao ter que responder uma pergunta, me vejo obrigado a saber e, se não souber, estudar.

"Aquele que ensina aprende."

Joseph Goldstein

(Renomado professor e escritor americano)

Essa citação destaca como o ato de ensinar não é apenas uma transmissão de conhecimento, mas também uma oportunidade de aprendizado contínuo para o professor.

Essa dinâmica é essencial para o sucesso coletivo. Assim como em uma equipe de esportes, em que cada jogador tem um papel crucial, em um grupo de aprendizado todos lucram quando se ajudam mutuamente. Aqueles que se arriscam e buscam entender mais profundamente inspiram os outros a fazer o mesmo. Juntos, eles formam uma comunidade em que o conhecimento é compartilhado e ampliado, e é gratificante ver como esse espírito colaborativo leva a resultados extraordinários.

Acompanhar o crescimento e as conquistas dos meus mentorados é uma das experiências mais gratificantes que já vivi. Cada um deles traz uma singularidade que enriquece a jornada coletiva, e as vitórias que alcançamos juntos se tornam um reflexo do esforço e da dedicação de todos.

No entanto, não posso negar que, assim como em qualquer grupo, sempre há aqueles que se destacam. Essas pessoas não apenas se comprometem com o aprendizado, mas também inspiram e motivam os outros ao redor. Gostaria de ter páginas suficientes para citar, neste livro, todos os mentorados que se destacaram ao longo dessa minha trajetória como mentor, homens, mulheres, jovens, adultos, cinquenta, sessenta, setenta mais, brasileiros ou estrangeiros, todos que deixaram um pouco de si e levaram um pouco de mim, mas teria que escrever no mínimo uma trilogia para ter espaço suficiente.

Por hora, para que você, leitor, que ainda define o trading como segunda profissão, ou *trader* iniciante que ainda duvida ser esta uma profissão, apresento-lhes um cases de sucesso, baseado em números como prova social.

Um homem de 43 anos que deixou, depois de 27 anos, a vida de executivo de sucesso para se tornar trader professional.

Acredite, em pouco tempo, seguindo à risca, digamos a cartilha, com gestões técnica, de risco e mental, ele aprendeu a arte de sobreviver ao *loss*.

> *"As pessoas podem duvidar do que você diz, mas elas acreditarão no que você faz."*
>
> **Lewis Cass**
> (Político norte-americano)

Como mentor, vou um pouco mais além da citação acima, acreditem no que os meus mentorados estão fazendo. Agora, aqui escrevendo, a minha memória acaba de me levar ao dia que resolvi, em uma *live* de mentoria, contar para eles que finalmente o meu primeiro livro estava saindo do papel, com data para ficar pronto. Além do comunicado, convidei-os para participar desse meu momento único — o meu primeiro livro, trazendo para mim, dali em diante, o que gostariam de ler nele. E aquela mentoria foi literalmente um *brainstorming*, em bom português, uma tempestade de ideias.

Em determinado momento, compartilhei com eles que, além do grupo todo participar do projeto, um dos capítulos seria destinado a contar uma história de case de sucesso, de pelo menos um mentorado que, desde o início, havia se destacado e que serviria de fonte de inspiração e comprovação, para os meus leitores, de que, sim, viver de *trading* é possível. E alguns alunos são mesmo fora da curva. Não por acaso ele está citado aqui no livro.

Ao comunicar essa decisão ao grupo, ali em público, ou melhor, ao convocar o Jameson para estar no livro, ele aceitou de pronto, se disse extremamente feliz por mim e honrado com a "convocação" e, de imediato, listou uma série de *insights* que poderiam fazer parte do livro e falou que entendia todos os pontos que me levaram ao nome do livro, mas que, para ele, o título deveria ser diferente (já dá para entender por que ele faz parte do livro); em vez de *A arte de sobreviver ao loss*, o nome do livro melhor seria *A arte de vencer no trade*. Ele disse entender o meu ponto de vista ao escolher esse nome, mas que, para ele, o que a gente faz não é somente sobreviver, mas vencer, e está provado. Então, segue agora a história dele e por que o título sugerido faz jus à trajetória dele.

JAMESON MELO

DO EXECUTIVO AO TRADER BEM-SUCEDIDO
A REPETIÇÃO DO PROCESSO É A CHAVE

Jameson tem 43 anos e um nome longo — Jameson Fernando Sanches de Melo —, ao contrário da breve história de sucesso, de um executivo que decidiu migrar, depois de quase trinta anos, do mundo executivo para o *trading*, e que exemplifica a capacidade de superar desafios e alcançar resultados extraordinários no mercado financeiro em um curto espaço de tempo.

Natural da região metropolitana de Pernambuco, mas criado em São Paulo desde os dois anos, Jameson hoje mora em Jundiaí (SP). Pode-se dizer que até os 42 anos ele trilhou um caminho convencional, sem dúvida admirável. Jameson construiu uma sólida carreira no mundo corporativo, por mais de 27 anos, fruto da formação em Direito e Administração, com MBA em Logística, o que permitiu a ele galgar posições de liderança e de muita determinação e dedicação, prova disso foi ter chegado, com apenas vinte anos, ao cargo de gestor, tendo trilhado carreira na área de petróleo e gás em grandes companhias brasileiras e estrangeiras, como a Agip e a Petrobras. Decidiu, porém, assumir o cargo de CEO, após convite, e deu um dos maiores passos rumo ao desconhecido, já que deixaria, naquele momento, uma carreira consolidada, de mais de 26 anos, como executivo do setor de petróleo, para atuar em uma renomada empresa de *asset* (instituições que oferecem serviços de gestão de ativos), no setor de logística como CEO.

Paralelamente, Jameson, cristão, se orgulha de ter também construído uma base familiar sólida, casou-se com a primeira namorada — Daniela — há 20 anos; é pai da Gabriela, de doze anos, e do Joaquim, de cinco, e desde então sempre buscou construir uma base sólida para o futuro da família. Carregava consigo a crença limitante (como a maioria das pessoas) de que era preciso trabalhar duro, horas a fio, para ter segurança e estabilidade, uma lição que aprendeu com os pais. Mas, embora estivesse com a carreira de executivo mais do que consolidada, instalado em um dos prédios de maior visibilidade na avenida Paulista, considerado o centro financeiro do Brasil, um dia olhando para fora da ampla janela de vidro e o que passava lá fora, Jameson, embora grato por tudo aquilo que já havia conquistado ainda tão jovem, carregava dentro de si uma chama de insatisfação, um desejo por algo a mais, por um propósito maior e, sobretudo, mais liberdade para poder viver de forma plena. E foi, quase que por acaso, no mundo do *trading*, que essa chama encontrou, finalmente, o combustível perfeito para se transformar em um incêndio de determinação e propósito.

E, como o Jameson reforça: o porquê tem que estar muito claro, só assim não há como desistir e se desviar do objetivo, e ele ainda vai além, para ele, não é somente definir o porquê como *trader*, mas com pessoa. Isso é o que realmente nos direciona a chegar lá!

"Os dias mais importantes na sua vida são os dias que você nasce e o dia que você descobre o porquê."

Mark Twain
(Escritor norte-americano)

Não que ele nunca tivesse tido contato com o mercado financeiro até aquele momento. Mas até então a jornada dele, nesse mercado, havia começado de forma tradicional, como uma forma de investimento e segurança familiar, buscando apenas complementar a renda e garantir o futuro. Embora já fosse um *trader* experiente, tendo aplicado em diversos ativos como debêntures, fundos imobiliários, Tesouro Direto e ações, ainda não conhecia o outro lado possível dessa moeda. E, em outubro de 2022, ao conhecer a *TradeStars*, ele se deparou com um universo totalmente novo: o dos *traders*. Uma maneira de utilizar o mercado financeiro como profissão, algo que até então nunca havia passado pela cabeça dele.

A partir daquele momento, a vida dele tomou um novo rumo. Uma janela se abriu! As operações de curto prazo, a adrenalina do mercado e a promessa de lucros rápidos o fascinaram. Em novembro e dezembro daquele mesmo ano, ele já estava se aprofundando no mundo do *day trade*, participando de mentorias comigo, buscando absorver todo o conhecimento possível. Mas, como você vai ver a seguir, a jornada dele, como a de qualquer *trader, não* foi isenta de desafios, obstáculos e, sobretudo, perdas — o famoso e temido *loss*.

Jameson é o que chamo de *case* de sucesso! É um exemplo incrível de *trader* que encontrou a verdadeira paixão e, é importante que se diga, com determinação conquistou resultados surpreendentes em um curto espaço de tempo. A trajetória dele, como a de muitos, começou com uma insatisfação latente, um desejo de mudar de vida e alcançar algo maior. Ele trilhou um caminho tradicional, dedicando-se à carreira executiva em grandes empresas por mais de duas décadas, construindo uma base sólida e uma vida confortável. Mas, em um momento crucial, a vida apresentou a ele uma nova oportunidade, *um novo caminho: o trading,* um despertar para novas possibilidades e desafios.

"O mundo do trading é como um novo continente, cheio de oportunidades a serem descobertas."

Marc Andreessen

(Famoso investidor e cofundador da Netscape)

No início, o *trading* era apenas uma forma de diversificar *trades*, complementar a renda e se aprofundar mais em um universo antes desconhecido. Dedicado, como em tudo que se propõe, ele sabia que no conhecimento estaria a base, no grupo a força, então se juntou à Tribo da *TradeStars* em busca da possibilidade da consistência nos resultados.

No entanto, depois de mais de quatro, cinco meses no positivo, como muitos, ele acabou sofrendo uma perda significativa quando operava, o que o fez repensar na estratégia. Mas o fato de ele não desistir, naquele momento, me fez acreditar que ele estava pronto: sobreviveu ao *loss*, porque na hora certa conseguiu controlar a emoção, decidiu se desapegar, encerrar a operação, sem tentar cobrir ou recuperar o prejuízo daquele momento ali. Ele entendeu que, para um *trader* profissional, as perdas fazem parte do jogo, e se desapegar de uma operação às vezes é fundamental, ou seja, recuar é crucial para sobreviver no jogo. Ser resiliente, sobretudo.

Só para você ter uma ideia, lá pelo quinto mês de *TradeStars,* bem pouco tempo, Jameson vinha em uma crescente com resultados positivos, já tinha inclusive atingido os cinco dígitos no mercado, mas, mesmo acumulando esses resultados e fazendo todo o *trade* dentro do *setup* estabelecido por ele de suportes e resistência, marcando o *stop loss,* ele sofreu o primeiro grande golpe do mercado.

"Forte é quem, mesmo depois de tanto perder, se levanta e segue lutando."

Ayrton Senna

(Piloto de Fórmula 1 e um dos maiores ídolos brasileiros)

DO *LOSS* DE DEZ MIL DÓLARES AO *GAIN* DE SESSENTA MIL DÓLARES EM MESES

Eu não me lembro agora de onde eu estava, mas me recordo de toda a história. Um belo dia, depois de inúmeros relatos de meses no positivo, o Jameson me passou uma mensagem dizendo assim: "Cara, fiz uma operação, e ela foi contra, eu estava dez mil dólares negativo, e minha decisão foi fechar essa operação no negativo". Tempos depois, o Jameson me disse que o meu *feedback* para ele, naquele momento, o havia marcado em definitivo. Ele reforçou que até então, quando todos os relatos dele haviam sido positivos no mês, eu comemorava com ele, porém, a partir daquele momento, com a decisão que ele havia tomado, eu havia passado a enxergá-lo com a possibilidade de ele ser um operador de mercado. Por quê? Disse a ele que não são todas as pessoas que têm esse tipo de atitude quando ela vai contra. Por outro lado, esse tipo de situação prepara a pessoa para ter consciência do que o mercado pode fazer com quem está operando, a diferença está em como a pessoa lida com isso.

Para Jameson, essa foi a primeira grande lição. Dolorosa? Sim! Mas, eu diria, necessária!

Para você entender melhor, vou explicar em detalhes. Jameson conta que, naquela época, não tinha tempo para acompanhar de perto o mercado, a vida estava corrida, com ele ainda se dividindo em duas áreas de atuação e, claro, priorizando a atividade principal de executivo. Ele se recorda e relatou que, quando entrou naquela operação, olhou realmente como sendo uma boa oportunidade, no decorrer do dia ele deu uma olhada e estava negativa, porém já estava em outro ponto, em um outro ponto de uma outra resistência, aí ele fez uma outra venda e dessa vez também estabeleceu o *stop loss*; *vale ressaltar que*, em uma conta considerável, cerca de trinta mil dólares, porém a reação do mercado veio contra a operação dele, ele ficou sem entender qual seria a motivação. Só mais tarde foi entender que a causa foi a quebra de bancos ao redor do mundo, dois americanos e um suíço — imagina! Naquele momento em especial, foi o suficiente para que o ouro desse uma disparada, e, como consequência, ele ficou muito negativo nesta conta — mais de vinte mil dólares, o equivalente a quase 60% da conta. Mas, mesmo diante desse volume bastante considerável negativo, ele resolveu fechar a operação, quando atingiu dez mil dólares no negativo, ele realizou essa perda. O que posso dizer é que poucos teriam feito, naquele momento, se deixassem a emoção falar mais alto.

Se assim eu posso dizer, Jameson aprendeu na dor, na prática, operando no mercado, nas palavras dele mesmo, a seguinte lição:

> *"O sucesso no trading é uma jornada, em que cada loss é um passo rumo ao conhecimento."*
>
> **Jameson Melo**
> (Trader profissional)

Jameson passou por um período de aprendizado intenso, dedicando-se a aprimorar as habilidades e dominar o sistema de gerenciamento de risco. Ele entendeu, da pior maneira, que a consistência é a chave para o sucesso no *trading*, e que as perdas fazem parte do processo. Foi a partir daí que a jornada dele se transformou em uma história de aprendizado na arte de sobreviver ao *loss*.

Ele passou a operar com foco total no aprendizado, utilizando o *Trade System*, com dois *setups*: retração de média móvel de 21 e um *setup* próprio. E os resultados não tardaram a aparecer. Em poucos meses, Jameson já estava lucrando consistentemente, chegando a ter ganhos que superavam o que ele ganhava como executivo, anulando aquela perda anterior.

Nos meses subsequentes àquele aprendizado, ele conta (e me enche de orgulho), entrou em uma sequência de resultados positivos, chegou a fazer em um único *trade*, naquele mesmo mês, sete mil dólares e, no fechado, ainda no mesmo período, dez mil dólares positivos. Consequentemente, a confiança aumentou, atrelada ao constante aprendizado; depois de uma imersão no Panamá com a *TradeStars*, na volta Jameson estabeleceu como meta um *gain* mensal de dez mil dólares. E assim ele passou a operar com mais tranquilidade, com uma alavancagem menor, e os resultados trouxeram para ele muitos meses positivos, cheios de experiências e práticas com retorno de ganho da ordem de pelo menos sessenta mil dólares, algo em torno de trezentos mil reais! Isso mesmo! E não sou eu que estou dizendo, são os números. Só para se ter uma ideia, ele diz ter fechado o mês de setembro com mais de setenta mil reais no positivo, números bastante expressivos e determinantes para uma próxima etapa.

DE EXECUTIVO DE SUCESSO PARA *TRADER* PROFISSIONAL IGUALMENTE

O sucesso no *trading* o impulsionou a tomar uma decisão ousada: largar os 27 anos de carreira executiva e se dedicar integralmente ao mercado financeiro, como *trader*. Ele me confessou que, naquele momento, sentiu um misto de euforia e de medo. Era como se estivesse saltando de paraquedas, sem saber ao certo se ele iria abrir. Mas ele confiou no processo, na disciplina e, principalmente, na capacidade de lidar com as emoções, a partir do autoconhecimento. E essa decisão, tomada com coragem e determinação, o levou a um novo patamar de sucesso.

Hoje, o Jameson tem a própria forma de operar, desenvolvida a partir do aprendizado que teve na *TradeStars* e principalmente na capacidade de controlar as emoções. Ele entendeu que o "pulo do gato" no *trading* não é encontrar uma fórmula mágica, a chave para o sucesso dele está no processo, essa, sim, é a fórmula correta para ele. E isso faz toda a diferença.

A história do Jameson é inspiradora, pois comprova com resultados que a jornada no *trading* é como a vida: cheia de altos e baixos, desafios e oportunidades. Mas é nas adversidades, nas quedas e nas perdas que se aprende as lições mais valiosas, que impulsionam a crescer e evoluir.

A jornada dele no mundo do *trading* é um testemunho poderoso da força da resiliência, autoconhecimento e da busca por um propósito que transcende os ganhos financeiros. Você pode ver como ele, após uma carreira bem-sucedida como executivo, decidiu trilhar um novo caminho, buscando algo mais gratificante e desafiador. Encontrei no Jameson a mesma chama que me impulsionou anos atrás, um desejo ardente por liberdade e por uma vida com propósito.

Após se juntar à *TradeStars*, Jameson vivenciou, como muitos outros, o impacto avassalador que o mercado financeiro pode ter sobre as emoções. Ele experimentou a euforia dos primeiros ganhos, mas também a amarga frustração das perdas. Uma perda em especial o fez questionar as próprias escolhas e a capacidade como *trader*. Esse momento crucial o levou a uma profunda reflexão sobre a relação dele com o *trading* e com o dinheiro. Como bom aluno que é, logo tratou de incluir na rotina o acompanhamento com uma psicóloga, por entender que a gestão emocional é tão ou mais importante que a de risco e até mesmo técnica.

Por meio de conversas e acompanhamento próximo, o Jameson percebeu que precisava se aprofundar na gestão de risco e, principalmente, no controle emocional. Ele entendeu que a chave para a consistência no *trading* não estava em perseguir lucros rápidos, mas sim em dominar a arte de preservar capital e de seguir o *Trading System* com disciplina, mesmo quando as emoções tentavam dominá-lo.

Com o tempo, Jameson desenvolveu uma estratégia vencedora que reflete a personalidade e o estilo de operação dele. Aprendeu a identificar os próprios gatilhos emocionais, a controlar a impulsividade e a não se deixar abater pelas perdas. Ele se tornou um mestre na arte do processo, da repetição, aperfeiçoando o próprio *setup*, para tentar chegar à excelência em cada *trade*.

"O sucesso é frequentemente a soma de pequenos esforços repetidos dia após dia."

Ralph Waldo Emerson

(Famoso escritor, filósofo e poeta estadunidense)

Assim como para Jameson, essa citação sugere bem a ideia de que o verdadeiro sucesso vai além do dinheiro e envolve dedicação, perseverança e crescimento pessoal. Para ele, a jornada não se resume apenas à conquista de resultados financeiros. Um ponto crucial na história do Jameson é a descoberta de um propósito que transcende o lucro. Ao se tornar um *trader* profissional, Jameson se deparou com uma nova forma de realização pessoal: o prazer genuíno de ajudar outras pessoas. Com tanto resultado positivo, incluindo paciência, didática e generosidade genuínas, não demorou para que outros colegas da mentoria e até mesmo outros *traders* passassem a procurá-lo para pedir ajuda e conselhos.

É nesse ponto que a história do Jameson se torna ainda mais inspiradora. Ele transcendeu a busca individual por ganhos e encontrou um propósito maior: contribuir para o sucesso de outros *traders* e da evolução de outras pessoas. Ele percebeu que o verdadeiro legado de um *trader* não está apenas no dinheiro acumulado, mas também no impacto positivo que ele pode gerar na vida de outras pessoas.

Para ilustrar a importância desse impacto, lembro-me de um momento especial, que me tocou profundamente, durante uma *live* da *TradeStars*. Jameson, orgulhoso, apresentou a filha dele, a Gabriela, que estava aprendendo a operar o mercado financeiro com apenas dez anos. Era como se ele estivesse me mostrando a semente que plantou, um legado que florescia na própria família. Naquele momento, a Gabi, com a pureza e a sinceridade das crianças, expressou a admiração pelo pai e disse que queria seguir o mesmo caminho. Olha só, a força da ambiência, ao ver o pai mais feliz, com um tempo maior dedicado à família, ela quis fazer o que ele fazia, como um filho que decide ser um médico ou um policial por ser o pai a maior fonte de inspiração. Isso é ou não algo que não tem preço?

Aquele momento me tocou profundamente. A inocência e a admiração nos olhos da Gabi evidenciaram a força do exemplo e a importância da transmissão de conhecimento. O Jameson, sem perceber, estava impactando não apenas a vida da filha, mas também inspirando outros *traders* a trilharem o caminho do sucesso com responsabilidade e propósito.

O Jameson me confessou que, após aquela grande perda financeira, teve uma conversa franca com a esposa, assumindo a responsabilidade pelo erro e reconhecendo que precisava de uma mudança. Ele decidiu usar aquele momento como um aprendizado, como uma oportunidade para se fortalecer e se preparar para uma transição de carreira. Foi aí que, juntos, eles decidiram vender a própria casa de 600 m^2, com piscina e academia, e outros bens, para assim investirem o dinheiro em aplicações de baixo risco, garantindo a segurança financeira da família durante a sua nova trajetória: *trader* profissional. Uma decisão ousada, mesmo para quem acumulava meses no positivo: estaria deixando para trás uma carreira sólida de quase trinta anos.

E o mais importante: Jameson não deixou que o medo o paralisasse. Ele me disse, com convicção, que tinha certeza de que iria conseguir dar a volta por cima. E ele conseguiu. Ele reaplicou o sistema de gerenciamento de risco que havia aprendido na *TradeStars*, operando com o *setup* que havia desenvolvido e com uma gestão emocional impecável. A cada novo dia, ele anotava suas operações e os próprios sentimentos no diário de *trading*, buscando identificar padrões e aprimorar sua performance.

Ele compreendeu que o sucesso no *trading* não se resume a um único resultado, mas sim a um processo contínuo de aprendizado, aprimoramento e disciplina. E, principalmente, ter a humildade para reconhecer os erros, a inteligência para aprender com eles e a coragem para seguir em frente, sempre em busca de evoluir. A história do Jameson nos mostra que o sucesso no *trading* é uma jornada que vai além dos números. É uma jornada de autodescoberta, de superação e de transformação pessoal. Uma jornada que, se trilhada com coragem, disciplina e propósito, pode levar qualquer pessoa que se disponha a alcançar não apenas a liberdade financeira, mas também a realização pessoal e a felicidade genuína de impactar positivamente a vida de outras pessoas.

REFLEXÕES "JAMESONIANAS"

■ A ilusão de que ganhar no mercado de *trading* é fácil ou frequente é uma ilusão que é desfeita rapidamente, basta operar para comprovar.

■ Gerir o risco, a mente, e a técnica é crucial para quem quer vencer no mercado.

■ Mais do que habilidade técnica, o controle emocional separa os *traders* amadores dos profissionais e os afasta dos sentimentos de perda (paralisa) e de ganância (cega).

■ Faça pausas, após uma perda significativa. Isso não é um sinal de fraqueza, mas sim de controle emocional. É a possibilidade de, ao estar distante, refletir sobre o que aconteceu e utilizar a perda como uma lição, um aprendizado.

■ Antes de qualquer operação, defina o limite de perda. O *stop loss* é uma ferramenta que se deve utilizar em todos os momentos.

■ Implementar uma gestão de risco eficaz é fundamental para minimizar as perdas, que fazem parte do processo.

■ Fuja da armadilha de recuperar rapidamente o que foi perdido; ao fugir desse impulso, evitam-se mais perdas e diminui-se o risco.

■ Lidar com perdas é, realmente, uma habilidade essencial para que um *trader* tenha sucesso no longo prazo.

■ No mercado, perder é inevitável, mas sobreviver é realmente uma arte.

■ Cada perda é uma lição disfarçada e valiosa de oportunidades.

■ A chave para o sucesso não é evitar o *loss*, mas aprender a prosperar apesar dele.

■ Os maiores *traders* não são aqueles que perdem, mas os que sabem se levantar depois de cada queda.

■ O verdadeiro poder do *trader* está em poder transformar perdas em sabedoria

■ Quando se tem um *setup*, e isso está muito bem definido, muito claro, siga-o.

■ A repetição é o processo, se você focar o resultado, provavelmente não irá dar certo.

■ Perder faz parte do jogo, sobreviver faz parte da estratégia.

■ O mercado recompensa a persistência, mais do que a perfeição.

■ A arte do *trader* é dançar com as perdas, porém sem perder o ritmo.

■ O *loss* faz parte do processo, e ele tem o poder de transformar um *trader* em um vencedor.

■ O resultado não pode ser o foco, ele tem de ser apenas um produto de um processo que se segue.

■ O conceito de crescimento pessoal no *trade* vai muito além do aspecto financeiro, porque, ao aprender a lidar com as perdas, se aprende a lidar com conceitos valiosos, como resiliência, autocontrole, paciência e disciplina, características essenciais não somente para as operações, mas para a vida. A mentalidade de crescimento molda um *trader* de sucesso e, consequentemente, uma pessoa melhor. O *trader* bem-sucedido não enfrenta as perdas como um fracasso, mas como uma oportunidade de poder revisitar as próprias estratégias, refinar as operações, aprender com as falhas e erros e se tornar mais forte, daí a importância do aprendizado contínuo, resultado de uma análise detalhada de cada operação. Não há nenhuma operação de sucesso hoje, que não possa permitir ao trader ser mais assertivo amanhã.

"Resultado deixa rastro."

Como mentor, é muito gratificante e uma grande inspiração para mim poder testemunhar meus alunos realizando os sonhos deles, prosperando, sendo bem-sucedidos.

Muitas vezes, você pode se perder comparando a sua trajetória com a dos outros, mas a realidade é que não há competição. O tempo de cada um é único, e cada caminho é pessoal. O que realmente importa é valorizar o processo, celebrar as pequenas vitórias e avançar com firmeza, reconhecendo que todos estão exatamente onde precisam estar.

É sobre isto: a vida é uma jornada de contínua evolução e crescimento, não uma competição. Não se resume a quem chega primeiro, mas a cada passo que você dá em sua própria jornada. Siga no seu próprio ritmo, celebre o sucesso dos outros e não tenha pressa de chegar lá. Cada conquista e cada aprendizado são como tijolos que constroem algo significativo.

No final, o que conta é saber aproveitar cada momento, e, se alguém conseguiu, se deu certo, então basta fazer igual, seguir os mesmos passos, copiar e colar, em resumo: siga a receita, modele!

"Se vi mais longe foi por estar sobre os ombros de gigantes."

(Frase atribuída a Sir Isaac Newton)

“O segredo de levantar-se está em saber que você está destinado a algo maior.”

Oprah Winfrey
(Apresentadora norte-americana)

Capítulo 11

Conclusão

E assim chegamos ao fim da nossa jornada juntos. Há dois anos, quando resolvi escrever este livro, eu tinha duas certezas: nenhuma pretensão de me tornar um autor *best-seller* e que este não seria, definitivamente, um livro de autoajuda, de achismos, mas de certezas, inclusive com provas sociais de que, sim, é possível viver do *trading* e que sobreviver ao *loss* faz parte do jogo, o que, obviamente, justifica e explica o título.

Ao longo desses quase dez anos, é natural que eu tenha sido abordado por várias pessoas, das mais variadas, desde apenas curiosos que queriam saber o que é ou faz um *trader*, ou um pouco mais sobre o mercado financeiro, até aquelas que, gratas, porém insatisfeitas com a vida que estavam levando, decidiram se aprofundar mais no tema, porque ali enxergaram uma luz no fim do túnel, ou seja, a possibilidade de ganhar mais dinheiro, de qualquer lugar do mundo, fazendo os próprios horários, sem ter que para isso vender tempo em troca de um salário, a tão sonhada liberdade financeira. E, para muita gente, dinheiro significa liberdade, mesmo que a maioria não saiba o que fazer com ela.

Mas, se você comprou este livro esperando encontrar aqui a fórmula mágica, fácil e simples para ficar milionário, viver de *trading*, sem o ônus que o bônus impõe, como tudo na vida, sinto tê-lo decepcionado.

Se você chegou até aqui, sabe que eu sou o cara que não vai "dourar a pílula" para ninguém, ou seja, fazer como os antigos farmacêuticos que embrulhavam os remédios em papel dourado para melhorar o aspecto e mascarar o odor das substâncias.

Na internet está lotado de gente tentando enganar os outros, vou aqui usar outro ditado, fazendo as pessoas "comprarem gato por lebre", ou seja, assim como na Espanha medieval, época da carestia e da guerra, onde a carne era escassa, e a malandragem abundante, cheio de comerciantes vendendo carne de gato em vez de lebre para os inocentes.

As redes sociais estão cheias de gurus, mentores, *influencers* vendendo a ilusão de que operar no mercado é fácil, que se pode ganhar muito dinheiro, em um curto espaço de tempo, ensinando-o a focar o ganho, e não as perdas, porque eles sabem que a pergunta recorrente é: quanto eu posso ganhar no *trading*?

"A vida, não é definitivamente, o que conquistamos, mas quem nos tornamos."

Na verdade, eles deveriam ensinar que as perdas existem e como você deve e pode sobreviver a elas. Mas, afinal, quem quer perder? Ou ouvir que essa possibilidade existe? O ser humano não foi preparado para fracassar, falhar ou perder, mas esqueceram de lhe contar que esse jogo é gigante, e as perdas fazem parte do seu aprendizado, são elas que irão, ou melhor, podem levá-lo às vitórias, aos ganhos, aos dias de glória!

"Você não aprende com sucessos, prêmios ou com a fama. Você só aprende com feridas, erros e fracasso."

Jane Fonda

(Atriz e escritora)

Quero dizer que o meu objetivo, desde a primeira página, foi dizer que, sim, é possível viver de *trading*, isso mudou, completamente, a minha vida, a da minha família e, ao longo desses anos, tem mudado a vida de mais de 116 mil alunos, espalhados em quase cinquenta países pelo mundo, pessoas como a história do Jameson aqui relatada, meu aluno, hoje *case* de sucesso no *trading*, que deixou uma carreira sólida de quase trinta anos, para se tornar *trader* profissional, ou seja, como eu disse em algum momento no livro, resultados que deixam rastro. Mas também deixo claro que a liberdade exige disciplina, responsabilidade, compromisso e, sobretudo, consistência.

"Liberdade exige responsabilidade."

George Bernard Shaw

(Escritor irlandês)

É por isso que tanta gente tem medo dela. O famoso filósofo, escritor e ativista Victor Hugo diz algo muito parecido: "Tudo quanto aumenta a liberdade aumenta a responsabilidade".

É comum idealizarmos a liberdade, imaginando que estar completamente livre de algo que nos prende é o passe mágico para a felicidade. Contudo, em vez de apenas sonhar com ela, que tal sermos responsáveis e encarar seus prós e contras de uma vez por todas?

Livrar-se de um emprego, de um relacionamento, de ordens de superiores ou de qualquer outra situação que nos prenda é o desejo de muitas pessoas. Quando estamos em tais circunstâncias, é comum colocarmos toda a culpa de nossa infelicidade na entidade que nos prende, não é verdade?

"Se eu não precisasse mais trabalhar nessa empresa, eu seria feliz", "esse casamento me impede de ser quem sou" e "os estudos da faculdade atrapalham minha diversão" são frases corriqueiras em nosso cotidiano. Porém, o erro que cometemos muitas vezes ao fazer tais queixas é deixar de avaliar como seria a nossa vida caso não tivéssemos tais amarras e, se considerássemos que seria melhor, encarássemos o desafio de vez.

Largar o emprego rumo a um destino desconhecido, por exemplo, é uma decisão que exige coragem. Afinal, é como diz a disseminada frase do ator Antônio Abujamra: "enforque-se na corda da liberdade". Estar livre pode ser de fato sufocante para quem está acostumado a sempre culpar fatores externos pelas adversidades da vida.

Aqui, é fato, eu lhe dou o caminho das pedras, ou melhor, sem elas, limpo, somente para você copiar e colar, modelar e seguir em frente. A estrada que lhe apresento aqui já foi pavimentada por mim, mas só quem pode dirigir é você. Eu posso até lhe dar os tênis, mas quem irá correr a maratona será você, *brother*.

Ao longo destas páginas, eu me esforcei para mostrar que a arte de sobreviver ao *loss* e, principalmente, a arte de vencer no *trading* não se resumem a indicadores infalíveis ou *setups* milagrosos. Ela se constrói a partir de pilares sólidos, cruciais, como a disciplina, a gestão de risco, a análise técnica e, acima de tudo, o domínio das emoções, esse mar revolto que pode nos levar à glória ou à ruína em questão de segundos.

Compartilhei com você, de forma transparente e sem rodeios, a minha própria história, desde os tempos em que a escassez era uma realidade palpável e a venda de água no sinal representava a minha luta por independência.

Contei-lhe minhas inspirações, meus erros, meus medos e, principalmente, as lições que aprendi ao longo do caminho, transformando cada obstáculo em um degrau na escada para o sucesso.

Abri meu coração e lhe mostrei a importância de ter um "porquê", um propósito que o impulsione a seguir em frente, mesmo quando as coisas ficarem difíceis (e, acredite, elas vão ficar!). Contei-lhe a força da resiliência, essa capacidade de se levantar após as quedas, de aprender com os erros e de usar as adversidades como combustível para o crescimento.

"Embora a existência humana esteja substancialmente imersa em muitas perguntas, uma delas deveria ter a nossa especial atenção: como viver bem o dia de hoje?"

Padre Fábio de Melo

Apresentei a você a Tribo, essa comunidade de *traders* que, assim como um time de futebol, se une para alcançar objetivos comuns, compartilhando conhecimentos, trocando experiências, celebrando cada conquista. Mostrei-lhe que, no *trading*, assim como na vida, a união faz a força, e que ter um mentor, alguém que o guie e inspire, pode ser a diferença entre o sucesso e o fracasso.

E, para lhe provar que essa jornada é possível para qualquer um que se dedique a dominá-la, lhe apresentei o case do Jameson, um mentorado que, assim como eu, veio de origem humilde, enfrentou desafios e conquistou a tão sonhada liberdade financeira por meio do *trading*. A história dele, aqui compartilhada, repletas de altos e baixos, de vitórias e derrotas, é a prova viva de que o sucesso não é um destino, mas sim uma jornada de aprendizado constante, de persistência, de superação e, sobretudo, de repetição com correção até chegar á perfeição!

"Todo erro é um treino. Todo acerto é uma vitória. Ou seja, você nunca perde!"

A trajetória impecável no mundo corporativo do Jameson evidenciou a importância de ter uma base sólida, de construir tijolo por tijolo o alicerce para uma vida próspera. A história dele é a prova de que, mesmo quando se está no topo, a vontade de buscar algo a mais, de ter um propósito que transcende os ganhos financeiros, pode ser o combustível para alcançar um novo patamar de sucesso. Por meio dele, você pôde comprovar que a repetição do processo, a disciplina e a busca pela excelência em cada detalhe são as chaves para construir uma carreira sólida e consistente no *trading*.

Agora, cara, é a sua vez de traçar a própria trilha rumo à vitória. Leve com você os ensinamentos que compartilhei neste livro, adapte-os à sua realidade, ao seu perfil e aos seus objetivos e nunca se esqueça dos pilares que sustentam uma jornada consistente no *trading*.

- **Construa uma base sólida:** assim como uma casa precisa de alicerces firmes para se manter de pé, sua jornada no *trading* precisa se apoiar em pilares como a disciplina, a gestão de risco, a gestão emocional e a análise técnica. Dedique tempo e energia para dominar esses fundamentos, construindo uma base sólida para o seu sucesso.

- **Domine a arte da gestão de risco:** lembre-se de que o mercado é um mar revolto, e proteger seu capital é como ter um barco resistente para navegar em meio às tempestades. Defina seus *stops*, controle a alavancagem e nunca arrisque mais do que você pode perder. Afinal, para vencer no *trading*, primeiro você precisa sobreviver.

- **Desvende a linguagem do mercado:** a análise técnica é a bússola que o guia na busca por oportunidades, mostrando-lhe os sinais que o mercado deixa para trás, assim como um mapa que o leva ao tesouro escondido. Dedique tempo para estudar os gráficos, os padrões e os indicadores, aprendendo a ler a linguagem do mercado e a identificar as melhores oportunidades de compra e venda.

- **Controle suas emoções:** as emoções são como ondas gigantescas que podem levá-lo ao topo ou afogá-lo nas profundezas do mar. Aprenda a reconhecer seus gatilhos emocionais, domine o medo, a ganância, a euforia e a frustração e utilize a inteligência emocional a seu favor. Lembre-se: no *trading*, a mente é sua maior aliada ou sua pior inimiga.

- **Aprenda com seus erros e evolua constantemente:** a jornada no *trading* é um processo contínuo de aprendizado, e cada *loss*, cada erro, cada queda é uma oportunidade de se aprimorar e se fortalecer. Utilize o diário de *trading* como um guia para registrar suas experiências, identificar seus erros e criar um plano de ação para evitá-los no futuro.

- **Tenha paciência e persistência:** o sucesso no *trading* não vem da noite para o dia, ele é construído com paciência, persistência e a crença inabalável em seu potencial. Vai haver momentos de frustração, dias em que você questionará suas habilidades e a vontade de desistir será grande. Mas é a persistência, a força de vontade de seguir em frente mesmo diante das adversidades, que separa os vencedores dos que ficam pelo caminho.

E, acima de tudo, acredite que você é capaz de dominar essa arte, de alcançar seus objetivos e de construir uma vida que valha a pena, que o faça fazer a diferença, que lhe permita olhar para trás e ver que deixou um legado. Sua vida conta uma história. Faça com que ela seja boa. Construa uma vida que faça sentido, que tenha propósito, que o preencha. Viva por tudo aquilo que você acredita, não espere ninguém vir salvá-lo nem terceirize a sua felicidade. Faça acontecer por você e para você. Daqui a alguns anos, ninguém se lembrará das suas escolhas, exceto você. Lembre-se: você é o protagonista da sua história, e o sucesso no *trading*, assim como na vida, depende única e exclusivamente da sua força de vontade, da sua dedicação e da sua crença inabalável no seu próprio potencial.

Então, vá em frente! Leia, releia, se debruce nas páginas deste livro, mas tenha em mente que ter acesso a uma grande quantidade de informações é importante, mas o verdadeiro impacto vem da capacidade de filtrá-las e aplicá-las de maneira estratégica. Focar o que é relevante e agir com base nesse conhecimento é o que realmente gera resultados significativos. Em vez de se perder em dados, concentre-se em *insights* práticos e na execução de ações que façam a diferença.

Se chegou até aqui, já sabe que eu sou o cara do *over delivery*, acesse quantas vezes forem necessárias os QR Codes, beba da água limpa, aprenda com o provérbio de uma das civilizações mais antigas do mundo, com mais de quatro mil anos de história: a China.

"Os sábios aprendem com os erros dos outros, os tolos com os próprios erros e os idiotas não aprendem nunca."

Provérbio chinês

Algumas pessoas apenas esperam que aconteça, outras desejam, mas há aquelas que realmente fazem acontecer. A ação é o que transforma desejos em realidade. Não espere pela sorte, sua vida é consequência das suas ações diárias.

Trace sua própria trilha. Não aceite a ideia de planejar a sua vida para ser vivida depois. Escreva sua história e lembre-se: a arte de sobreviver ao *loss* e de vencer no *trading* começa com a arte de vencer a si mesmo! Tudo começa na mente.

"O sucesso não tem a ver com a quantidade de dinheiro que você ganha, mas com a diferença que você faz na vida das pessoas."
Michelle Obama
(Ex-primeira-dama dos Estados Unido)

Aqui termino este livro com a ousadia de fazer das palavras da ex-primeira-dama dos Estados Unidos, Michelle Obama, as minhas, porque, mais do que todo o dinheiro que fiz no *trading* ao longo desses anos (e, confesso, não foi pouco), nada se compara à minha realização em compartilhar com você, leitor, todo o meu aprendizado. Tendo em vista o fato de ter mentorias e número de alunos limitados, estas páginas me permitem ter a chance de poder chegar a mais pessoas e, assim, poder mudar também a vida delas. Ao longo da minha pouca idade, aprendi que valiosas são as pessoas que nos dão coisas caras: o tempo! Espero que o meu, aqui doado, possa fazer alguma diferença na sua vida.

Jacsson Santos

Agradecimentos

Agradeço este livro, em primeiro lugar a Deus, pois ele tem sido a minha rocha e fortaleza.

Agradeço a todas as pessoas, momentos e lugares que deixaram uma marca significativa na minha vida, contribuindo de maneira especial para moldar quem sou hoje. Sinto que é meu dever expressar minha gratidão a todos que participaram da minha jornada até este ponto.

Ao meu amigo de infância Fabrício, por ter sido, sem saber, a minha fonte de inspiração, desde aquela época, me fazendo enxergar que sim, tudo é possível! Do tênis da moda ao carro, me mostrando que se ele conseguiu eu também conseguiria.

À Dra. Gleyce, que abriu as portas da Clínica Odontológica dela e do Luiz para mim, sem imaginar que aquela oportunidade mudaria para sempre a minha vida.

À família que a vida me permitiu escolher:

Ao Luiz por ser uma fonte de inspiração profissional e pela fome de sempre querer mais. Ele me ensinou que devo buscar sempre pela minha melhor versão.

À Vica, peça fundamental na história da TradeStars, sem ela não teríamos chegado até aqui e, no meu caso em particular, no que se refere ao livro, por ser ela uma das primeiras pessoas a me incentivar a colocar as ideias no papel. Assim que comuniquei minha decisão, imediatamente, ela se prontificou a contatar todas as pessoas que poderiam de alguma maneira ajudar a tornar esse projeto realidade e de pronto ofereceu para fazer a capa. Sim! Para quem não sabe, além dos muitos talentos, a capa do meu primeiro livro é dela.

Ao Carlos, minha gratidão eterna, por ter sido o meu mentor, o cara que me ensinou tudo, acreditou em mim, pegou literalmente, na minha mão e abriu as portas do mercado financeiro.

A Isis, a irmã mais velha que a vida me deu e, que como tal divido minhas horas de incertezas e angústias, na certeza de poder contar com um colo.

Aos feras Halloan e Lucas, a quem chamo carinhosamente de meninos, responsáveis pelo meu crescimento exponencial nas redes sociais, o primeiro que cria as estratégias que vamos usar para levar as pessoas até os eventos online que eu faço, já o segundo é o melhor gestor de tráfego que conheço e que tive o prazer de vê-lo começando do zero até se tornar uma referência.

Ao Siqueira, meu mentorado mais próximo nos últimos anos, que tem me permitido através da própria evolução me lembrar da minha.

A jornalista Rosana que me ajudou nesse projeto louco de registrar no papel o que entendo ser o meu legado: compartilhar conhecimento.

Hoje, ciente da importância da gestão psicológica para a vida pessoal e profissional, não poderia aqui deixar de agradecer a Dra Amanda, minha primeira psicóloga, por ter me ajudado muito em uma fase crítica que eu tive no mercado e, na minha relação conturbada com dinheiro.

E, sobretudo, ao jovem Jacsson que aos 15 anos sonhava ser escritor, a vida acabou levando para outros caminhos, trading etc., mas que ainda sim se manteve fiel e hoje realiza o sonho de menino: escrever um livro!

Para encerrar, meu agradecimento eterno à Tribo que me deu e continua me dando senso de pertencimento, de poder fazer parte de um grupo de pessoas unidas em torno de um único propósito, empenhado em ver o crescimento de cada uma no mercado financeiro, mas sobretudo como pessoas e cidadãos melhores!

Este livro foi impresso nas oficinas gráficas da Editora Vozes Ltda.,
Rua Frei Luís, 100 - Petrópolis, RJ.